温泉百名山

飯出敏夫

IIDE TOSHIO

集英社インターナショナル

温泉百名山

飯出敏夫

目次

関東

甲信越・飛騨・北陸

近畿以西・九州

番外編

＊都道府県別に分類し、基本的に北から南の順に記述。県境の山は登山口としたほうの県に含めた。コースタイムは休憩を含まない歩行時間のみの参考タイム。2万5千分1地形図は国土地理院発行のもっとも信頼できる地図なので、携行する場合の参考に。難易度は歩行時間が★5時間未満、★★5時間以上8時間未満、★★★8時間以上を目安とした。温泉の泉質と源泉温度は取材時での温泉分析書の表記なので、それ以降の分析で若干変わることもあり得る。

はじめに

温泉の取材で白山麓を訪ねた２０１６年６月、ふと思い立って白山に登ったことが「日本百名山」完登を志す契機となった。それまで多くの山に登ってはいたが、「日本百名山」を意識したことはなかった。白山で山の魅力を再確認し、そこで登り残した「日本百名山」を数えてみたところ、残り41座。当時69歳、ならば翌年の古稀記念の目標として完登を目指そう、と決意した。

それまで、11年11月に発症した悪性リンパ腫の抗がん剤治療で痛めつけられ、体力気力ともに喪失《そうしつ》していた。14年にハイキング本改訂のために登った山梨県の二十六夜山《にじゅうろくやさん》コースで義広勝《よしひろまさる》氏、谷野和子さんと出会ったことが、登山復帰への足がかりとなった。とりわけ16年夏に義広氏と北海道の未登の「日本百名山」に遠征できたことが大きかった。最難関といわれる日高山脈の幌内《ぽろない》岳に登頂できたことが、「日本百名山」完登もこれでいける、という確信に変えてくれたからだ。

17年9月、目標の「日本百名山」完登を達成したが、そこで意外にも温泉に無縁（温泉の記述なしも含む）の名山が多いことに気づいた。

「日本百名山」を選定した深田《ふかだ》久弥《きゅうや》氏は、「品格」「歴史」「個性」を名山の基準に挙げている。この基準が温泉にもそのまま当てはまると思い至った。そこで、この基準に倣《なら》い、山麓や山中に名湯のない百名山を除外し、百名山に選ばれなかった名湯がある名山と、最近登っていない名湯のある百名山も再訪し、筆者独自の「温泉百名山」を選定すること、それを次の目標とした。

この「温泉百名山」選定登山に行きつくことは、40年以上も温泉に関わり続け、また山を愛する筆者としては必然だったように思う。

しかし、我慢して「日本百名山」に登ったツケが回り、脊柱管狭窄症が悪化して歩行困難になってしまった。やむなく「温泉百名山」選定登山に取り組む前の18年4月に手術し、7月に登山復帰を目指した。

ところが、すでに日本百名山協会事務局長の加藤洋氏が17年1月にフェイスブックに「温泉百名山」を立ち上げていたことが判明。そこで直接お会いして当方で使用するお願いをしたところ、ご快諾いただいた。感謝である。

こうして「温泉百名山」選定登山がスタートしたが、達成目前の20年9月に今度は左膝を痛めて、その年の登山を断念。翌21年1月に左変形性膝関節症の手術を受け、リハビリを兼ねて5週間の入院。退院後も必死のリハビリで克服し、5月に復帰。21年10月、ようやくにして選定登山を完結することができた。

「ゆっくりでも登っていれば、きっと山頂に立てる」、それが筆者の得た今更ながらの教訓である。また、下山後に温泉で癒される充足感、それこそが登山と温泉が与えてくれる、生きていて良かった！　という実感のようにも思う。

この「温泉百名山」選定登山の記録が、筆者と同様に病と闘いつつ登山復帰を目指す同好の士への激励と復帰へのエールになれば、と願っている。

北海道

01〜11

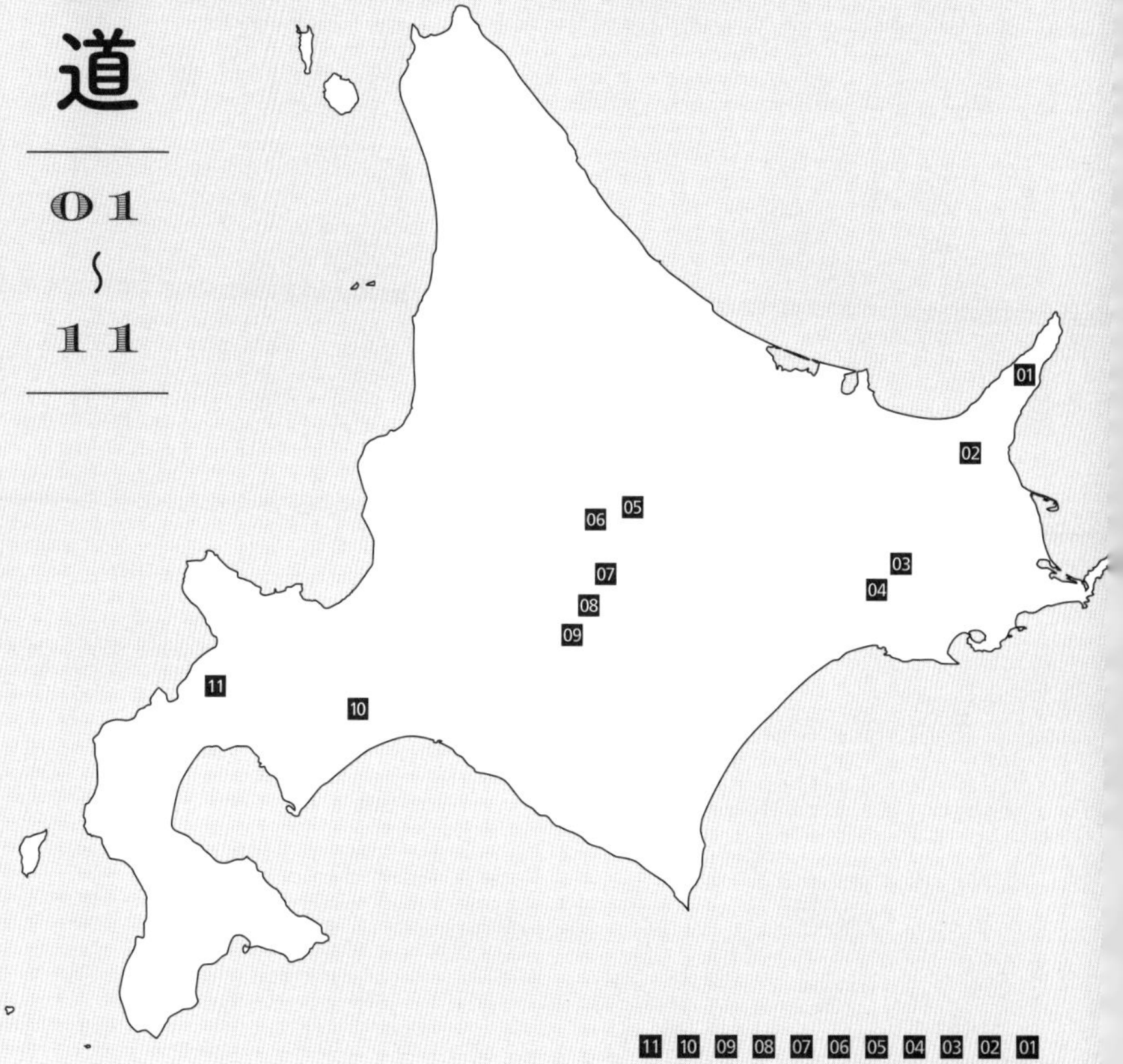

01 羅臼岳と岩尾別温泉
02 斜里岳と斜里温泉
03 雄阿寒岳と阿寒湖温泉
04 雌阿寒岳と雌阿寒温泉
05 白雲岳と大雪高原温泉
06 旭岳と旭岳温泉
07 トムラウシ山とトムラウシ温泉
08 十勝岳と吹上温泉
09 富良野岳と十勝岳温泉
10 樽前山と丸駒温泉
11 ニセコアンヌプリとニセコ五色温泉

羅臼岳

01

斜里岳

02

雄阿寒岳

03

雌阿寒岳

04

旭岳

06

トムラウシ山

07

十勝岳

08

富良野岳

09

樽前山（東山）

10

ニセコアンヌプリ

11

羅《ら》臼《うす》岳《だけ》と岩《いわ》尾《お》別《べつ》温泉

硫黄山方面への縦走路や羅臼からの登山道の分岐点、羅臼平から羅臼岳の岩峰を望む

３６０度の大展望が広がる知床半島の最高峰

知床半島の最高峰、それが羅臼岳である。山麓の知床五湖や知床横断道路の知床峠から望む円錐形の秀麗な山容は、知床半島の盟主と呼ぶにふさわしい。

この山に最初に登ったのは、大学でワンダーフォーゲル部に入部した1年目、１９６６年の夏合宿だった。羅臼から海岸沿いを歩き、半島内部の知床沼へ。そこから先はハイマツのジャングルをかき分け、知床岬まで1週間を費やす悪戦苦闘の大縦走。世界自然遺産に登録される前は、こんな無謀ともいえる山行《さんこう》がまだ許された時代だった。

羅臼岳　標高1661m

◆ コースタイム→岩尾別温泉登山口から登り5時間・下り3時間30分
◆ 2万5千分1地形図／知床五湖・羅臼・硫黄山

難易度 ★★★

岩尾別温泉

ホテル地の涯　☎0152-24-2331 ◆ 泉質＝ナトリウム・カルシウム－塩化物・炭酸水素塩泉 ◆ 源泉温度=63.3度　4月下旬～ 11月上旬の営業 ◆ 鉄道／ JR釧網本線知床斜里駅からバス50分（女満別空港からバス2時間15分）のウトロ温泉BT乗り換え20分、岩尾別温泉下車 ◆ 車／旭川紋別自動車道遠軽ICから約3時間、女満別空港から約2時間30分

岩尾別温泉の無料開放されている露天岩風呂

それから49年後の2015年夏、羅臼に数日滞在した旅の途中に登った。悪性リンパ腫を患《わずら》った4年後で、本格的な登山復帰となった山である。このときはまだ「日本百名山」完登などはまったく考えておらず、闘病後の体力と気力がどこまで持つかを試したいのと、青春の思い出をたどるのとが目的の登山だった。

ルートは羅臼コースよりも容易な岩尾別コースを選択。ヒグマとの遭遇を恐れ、登山者の多い休日に決行した。登山口から山頂までの標高差は約1500mもあり、けっこうな登りである。知床半島の稜線に当たる羅臼平では、登山道脇にヒグマが居座り、立ち退くまで30分ほどの待機を強いられた。羅臼平から標高差300m余の険しい岩場をよじ登り、ようやく11時20分に登頂。山頂から知床の海や国後《くなしり》島、硫黄山へと続く知床半島の脊梁《せきりょう》部を一望した瞬間、羅臼平に幕《ばく》営《えい》して硫黄山までピストンした、49年前の遠い記憶が鮮やかに蘇った。

羅臼平にヒグマの姿がないのを見計らって急ぎ脚で下山。ところが、羅臼平からの下りで至近距離のハイマツの中から威嚇《いかく》するヒグマの唸り声に跳び上がった。まさに肝を冷やすとはこのことだ。岩尾別温泉に16時に帰還し、湯に浸かって、ようやく人心地がついた。（日本百名山、15年8月30日再訪、単独行《たんどくこう》）

斜里町側の羅臼岳登山口に湧く北海道最東端の名湯

岩尾別温泉は知床半島の秘湯というイメージだが、一軒宿のホテル地の涯《はて》は意表をつかれる鉄筋3階建ての近代的な建物だ。湯量は豊富で、館内に男女別内湯と混浴露天岩風呂（湯浴み着貸与）があり、日帰り入浴も夕方まで受け付けるので、登山者の利用も多い。また、駐車場外れの斜面に3段露天岩風呂、少し離れた河畔にこぢんまりとした滝見風呂もあり、ともに無料で人気がある。

残雪と高山植物が登山道を彩る大沢の登り

羅臼岳直下の岩場から硫黄山方面の眺望

馬の背への急斜面は7月まで雪渓が残る

滝を高巻きしたり滑滝をよじ登る旧道コース

斜《しゃ》里《り》岳《だけ》と斜《しゃ》里《り》温泉

沢登りの醍醐味も楽しめる知床の山と海の好展望台

知床半島の玄関口、斜里町が近づくと、美しい裾野を広げる秀麗な山容がひときわ目を引く。コニーデ型の火山、標高１５４７ｍの斜里岳である。

２０１６年の「日本百名山」歴訪の旅で、北海道では悪天候のため唯一登り残した山だった。翌17年、この山に登るためだけに女満別《めまんべつ》空港までの早割の往復航空チケットを購入し、6月19～21日の2泊3日の日程を組んだ。天候は予測できないので、2日目か3日目のどちらか好天の日に登るというプランである。

運よく、2日目に絶好の好天に恵まれた。登山口の清岳荘前駐車場を8時10分に出発。登山道は一ノ沢沿いを飛び石伝いに詰める。下二股《しもふたまた》で復路に採る熊見峠経由の新道コースを分け、沢を詰める旧道コースを登る。赤いリボンや矢印を頼りに、いくつもの滝を高巻き*したり滑滝《なめたき》を登るが、意外と滑らず歩きやすい。沢が尽きると新道コースが合流する上《かみ》二股。ここから尾根の馬の背に至る斜面はまだべったりと雪渓に覆われていた。

馬の背まで登れば、斜里岳の山頂は近い。登頂は12時30分。先客は4人ほど、昼食の真っ最中だ。山頂からの眺望は素晴らしく、オホーツクの海、海別《うなべつ》岳から羅臼岳へと続く知床連山が一望できた。下山は上二股から新道コースへ。熊見峠まではハイマツ帯の快適な尾根道で、振り返ると思いのほか険しい斜里岳の全容を望むことができた。

（日本百名山、17年6月20日登頂、単独行）

＊高巻き…主に沢登りの際、直登できない滝や淵を左右の登りやすい斜面に迂回して越えること。

新道コースの熊見峠に続く尾根道から、意外と険しい山容の斜里岳を望む

源泉かけ流しのワイン色のモール泉

斜里温泉は、斜里町郊外にポツンと建つ一軒宿。湯元館という名前に惹《ひ》かれて訪ねたが、これが素晴らしいモール泉だった。風呂は男女別内湯と大きな貸切風呂（日帰り入浴は別料金）が１つあり、この貸切風呂が素晴らしい。温泉民宿と謳っているように、宿泊料金は普通の旅館の半額程度だ。若者たちが共同経営している感じの宿で、客室も食事も簡素ではあるが、飲食物の持ち込みも自由。筆者は斜里岳登山の際には連泊したが、登山のベースとするにはうってつけの宿である。

斜里岳　標高1547m

- ◆ コースタイム→登山口から登り3時間・下り2時間30分。清岳荘は素泊まり専用の洒落た山小屋。沢登り旧道コースは増水時は自重すること
- ◆ 2万5千分1地形図／斜里岳

難易度 ★★☆

斜里温泉

斜里温泉湯元館 ☎0152-23-3486 ◆ 泉質＝ナトリウム－炭酸水素塩泉 ◆ 源泉温度=55.5度 ◆ 鉄道／JR釧網本線知床斜里駅から徒歩25分 ◆ 車／女満別空港から約1時間15分、旭川紋別自動車道遠軽ICから約2時間30分　※斜里温泉から清岳荘下の駐車場まで車で約50分

斜里温泉湯元館の源泉かけ流しの貸切風呂

雄《お》阿《あ》寒《かん》岳《だけ》と阿《あ》寒《かん》湖《こ》温泉

阿寒湖畔にそびえ立つ円錐形の秀峰

　2020年9月1日、2週間の予定で、仙台港からフェリーで北海道へと渡った。相棒は同業後輩の板倉あつし君。私が登山している間、暑さに極端に弱い板倉君は山麓の温泉と食の取材をしている、という2人の思惑が一致した珍道中である。

　ところが、当初のニセコと支笏《しこつ》湖畔の風不死《ふっぷし》岳に登る予定は悪天候のために断念。やむなく知床まで足をのばし、阿寒湖畔の宿「温泉民宿山口」到着は9月5日になっていた。

温泉民宿山口の男女別内湯は源泉かけ流し

雄阿寒岳　標高1370m

- ◆ コースタイム→阿寒湖温泉からバス10分の滝口登山口から登り3時間30分・下り2時間20分。現在利用される登山道は1本なので、同じコースのピストン登山になる
- ◆ 2万5千分1地形図／雄阿寒岳

難易度 ★★☆

阿寒湖温泉

温泉民宿山口 ☎0154-67-2555 ◆ 泉質＝ナトリウム・マグネシウム・カルシウムー炭酸水素塩・塩化物泉 ◆ 源泉温度=56.2度 ◆ 鉄道／JR根室本線釧路駅からバス約1時間50分（釧路空港からバス1時間37分）、阿寒湖温泉BT下車徒歩約15分 ◆ 車／道東自動車道足寄ICから約1時間

八合目から正面に雄阿寒岳を望みつつ、いったん九合目へ下る。左手の窪地は噴火口跡

五合目付近から望む阿寒湖と雌阿寒岳

阿寒湖畔から望む雄阿寒岳の雄姿

今回の北海道遠征の一番の目的は雄阿寒岳登頂にあった。雌阿寒岳《めあかん》はすでに登っていたが、雄阿寒岳にも登らないと阿寒の山に登ったことにはならないと言われているからだ。そして、ここで懇意にしている塩原温泉郷・赤沢温泉旅館の遠藤正俊夫妻と落ち合うことになっていた。ちょうどその頃、遠藤夫妻が屈斜路湖畔に所用があるというので、一緒に雄阿寒岳に登る約束をしていたのだ。翌朝、遠藤夫人のエスコートは板倉君に託し、私と遠藤氏は雄阿寒岳に向かった。

登山口は阿寒湖東端に当たる滝口。トドマツなどの深い針葉樹林帯の中、ひたすら登りが続く。ようやく視界が開けるのが、普通の山の八合目付近に当たるという五合目付近。眼下に阿寒湖、その背後に噴煙を上げるのは雌阿寒岳だ。ここを過ぎると合目表示の間隔が急に狭まる。かつて気象観測所があったという広場状の尾根の八合目からいったん九合目の鞍部《あんぶ》まで下り、噴火口跡を左に見下ろしながらひと登りしたところが標高1370mの雄阿寒岳山頂だ。阿寒湖や雌阿寒岳、眼下にペンケトーとパンケトー、はるか知床の山々も眺望できた。

私たちはのんびり登山を決めていたので、コースタイムより登り下りとも1時間半以上もオーバーした。（日本百名山、20年9月6日登頂、同行1名）

道東きっての観光温泉地と筆者贔屓《ひいき》の温泉民宿

阿寒湖畔に宿や店舗が建ち並ぶ阿寒湖温泉は、道東きっての一大観光地だ。大型ホテルや高級旅館が林立しているが、筆者が贔屓にしているのは温泉民宿山口である。16年に雌阿寒岳に登ったときもこの宿に泊まった。阿寒湖温泉は単純温泉が中心だが、この宿で引くのは濃厚な成分を含む別源泉だ。そして、切り盛りする円城寺康子女将の気っ風の良さが魅力で、このときは下山後も連泊した。

雌《め》阿《あ》寒《かん》岳《だけ》と雌《め》阿《あ》寒《かん》温泉

阿寒の湖と山並みの眺望、花も魅力の活火山

『日本百名山』の著者の深田久弥氏は、百名山として掲載したのは雄阿寒岳でも雌阿寒岳でもなく、「阿寒岳」である。氏は両阿寒に登る予定だったが、雌阿寒岳が噴火のため登山禁止だったので、著書には雄阿寒岳登頂の記事だけを掲載した。そのあたりの事情からか、百名山ファンにとっては両阿寒岳に登って、はじめて「阿寒岳」に登ったことになる、という人も多いようだ。

雌阿寒岳には、登り残した「日本百名山」の完登《かんとう》を決心した２０１６年に登った。定年退職記念に北海道を旅すると聞いた山友の義広勝氏を口説き、その旅に北海道の日本百名山探訪を加えてもらったのである。そのときは羊蹄《ようてい》山、幌尻《ぽろしり》岳、斜里岳、そしてこの雌阿寒岳に登る計画だった。難関の日高山脈最高峰の幌尻岳登頂後に移動した阿寒湖畔の温泉民宿山口で、なんと偶然にも幌尻岳で一緒だった東京都在住の岡村一幸・秀美夫妻と再会。意気投合して、翌日の雌阿寒岳から知床にも同行。その後も百名山4座に一緒に登ることになった。

いまなお盛んに噴煙を上げる雌阿寒岳は、活火山にしては信じがたいほど高山植物が多く、また意外と楽に登れるので人気がある。健脚の義広氏は阿寒富士にも登るので脱兎のごとく先行。同じく健脚の岡村夫妻もはるか先を行き、私はほぼ単独行。折から花盛りの高山植物を愛でながら、神秘の湖オンネトーを下る周遊コースを歩いた。

（日本百名山、16年7月16日登頂、同行3名）

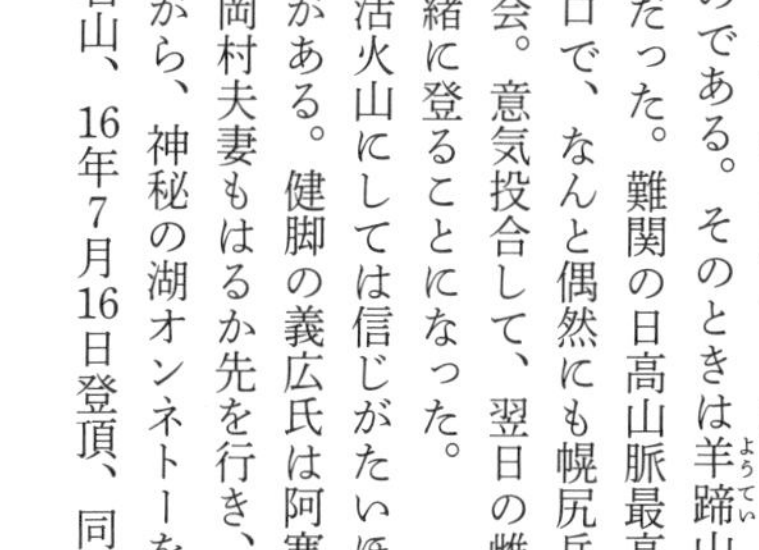
雌阿寒岳山頂から阿寒湖方面の眺望

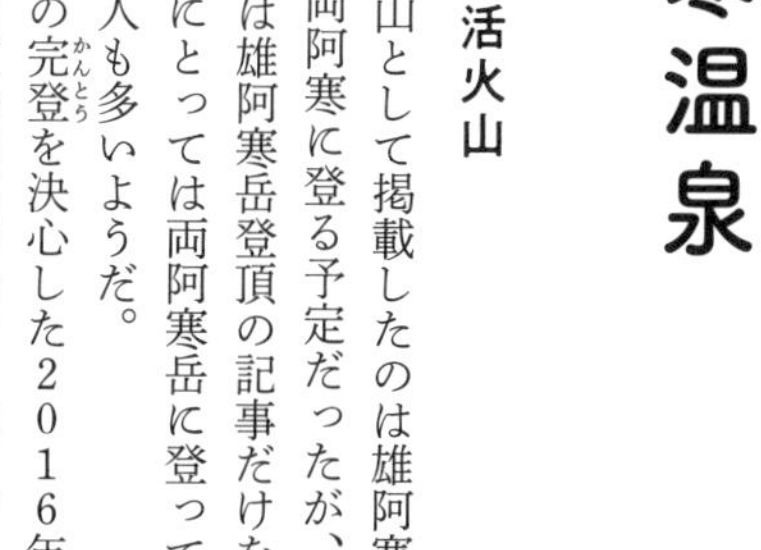
五合目付近の登りから望む樹海とオンネトー

雌阿寒岳の登山口に湧く一軒宿の名湯

雌阿寒岳登山口に湧くのが雌阿寒温泉だ。かつては別の温泉宿もあったが、現在は山の宿 野中温泉（旧名は野中温泉別館）1軒のみになってしまった。ユースホステルにもなっていた、閉館した本館は大正時代創業の老舗だった。硫黄泉の名湯と総アカエゾマツ造りの内湯の湯船が素晴らしく、露天風呂も野趣豊か。道東を旅する際には必ず足を運ぶ、私の北海道の温泉ベストテンに入る名湯である。ただし、1軒になってしまったため、なかなか泊まれなくなってしまったのが難点。立ち寄り湯は問題ないが、確実に泊まるには早めの予約が必須だ。

雌阿寒温泉「山の宿 野中温泉」の風情ある内湯

雌阿寒岳　　標高1499m

- ◆ コースタイム→雌阿寒温泉登山口から登り2時間・下り1時間30分（雌阿寒岳からオンネトー経由で下り2時間、阿寒富士往復にはさらに約1時間20分追加）
- ◆ 2万5千分1地形図／雌阿寒岳・オンネトー

難易度 ★☆☆

雌阿寒温泉

山の宿 野中温泉 ☎0156-29-7321 ◆ 泉質＝含硫黄ーカルシウム・マグネシウム・ナトリウムー硫酸塩・塩化物泉 ◆ 源泉温度=43.2度 ◆ 鉄道／JR根室本線釧路駅からバス1時間50分の阿寒湖温泉から車で20分 ◆ 車／道東自動車道足寄ICから約1時間、釧路空港から約1時間30分

猛烈な水蒸気を上げる赤沼の火口を右手に見ると、まもなく雌阿寒岳の山頂だ

白雲岳《はくうんだけ》と大雪高原《たいせつこうげん》温泉

右手に北海岳から北鎮岳に続く縦走路がのびる尾根、左奥に旭岳を望む白雲岳の山頂

夏季は一面のお花畑を行く大雪山の好展望台

大雪山の登山口として人気があるのは旭岳温泉から旭岳だが、より短時間で稜線に立てるのは層雲峡《そううんきょう》温泉から黒岳コースだ。層雲峡からロープウェイとリフトが七合目まで運び上げてくれるので、１時間強で黒岳の山頂に立てる。

そして、３番人気が、層雲峡奥の大雪ダムから入る大雪高原温泉や銀泉台《ぎんせんだい》を基点とする登山ルート。大雪山中心部の展望台である白雲岳に登るコースで、旭岳温泉を表登山口とすれば、ここは裏登山口といった位置にある。

２０１８年８月３日、同業後輩の板倉君と大雪高原温泉に

白雲岳　標高2230m

- コースタイム→大雪高原温泉の登山口から登り5時間・下り4時間。大雪山縦走の中継基地になっている白雲岳避難小屋は好設備の山小屋。水の補給もできるし、ここで1泊するプランもおすすめだ
- 2万5千分1地形図／層雲峡・白雲岳

難易度 ★★★

大雪高原温泉

大雪高原山荘 ☎01658-5-3818◆泉質＝単純酸性泉◆源泉温度=47.0度　6月10日～10月11日の営業◆鉄道／JR石北本線上川駅からバス35分の層雲峡からタクシー40分◆車／旭川紋別自動車道上川層雲峡ICから約1時間10分

山岳展望も楽しみな大雪高原山荘の露天風呂

投宿。翌朝は早朝4時に出発。花盛りの第一花畑、第二花畑と進むにつれ、前方に緑岳が迫ってくる。ガレ場の急登に一汗かいて到着した緑岳からは、白雲岳を正面に大雪の山々を一望。トムラウシ山の岩峰も頭をのぞかせる。

緑岳からは緩やかな尾根を歩き、直進する尾根道から分かれて白雲岳避難小屋経由のルートを採る。大きな雪渓を横切ると、まもなく白雲岳避難小屋だ。広場風の幕営地や水場も完備。登り返した尾根道上は縦走路の交差点で、ここから岩峰の白雲岳まではピストンになる。白雲岳には10時35分登頂。ここは圧倒的なスケールを誇る大雪山中心部の絶好の展望台だ。弁当を広げて飽きずに山を眺める至福の時間を過ごし、11時20分に山頂を辞した。

下山は、板倉君が車を回してくれることになっている銀泉台へ。緩やかな尾根歩きは赤岳までで、そこからはひたすら下る。登山道脇には高山植物の花園も広がっているが、この下りは思いのほかハードだった。広い駐車場やバス停（夏季だけ層雲峡から2本運転）がある銀泉台には15時着。コースタイムは下り約4時間なので、筆者としては上出来であった。

（18年8月4日再訪、単独行）

夏場の5ヶ月間だけしか営業しない一軒宿の秘湯

狭い木舗装の道に心細くなる頃、ようやく大雪高原温泉の一軒宿・大雪高原山荘が姿を現す。温泉はすこぶるいい湯で、木彫りの熊の湯口から勢いよく源泉かけ流しの湯が注ぐ内湯、大雪山の一角を望む露天風呂も秀逸だ。風呂の造りも良く、内湯も露天風呂も男女別。登山者よりも秘湯ファンの訪れが多い人気の温泉宿となっている。なお、温泉を基点にした一周4時間半ほどの沼回りコースは、一帯が熊の出没地帯。入口のヒグマ情報センターで情報収集が必須だ。

白雲岳避難小屋にショートカットする雪渓

緑岳の山頂。遠望する岩峰はトムラウシ山

地獄谷の噴煙を横目に砂礫の登山道を登る

姿見ノ池と旭岳。右手の急斜面が登山ルート

旭岳《あさひだけ》と旭岳《あさひだけ》温泉

ロープウェイ利用で手軽に登れる北海道の最高峰

大雪山は、表大雪・北大雪・東大雪・十勝連峰と続く大山塊《だいさんかい》の総称で、日本最大の国立公園だ。標高2291mの旭岳を筆頭に2000m級の山々が連なるが、本州の3000m峰に匹敵する高山環境にある。希少な動植物の宝庫でもあり、その景観は「北海道の屋根」「カムイミンタラ……神々の遊ぶ庭」と称され、一度は必ず登ってみたい山域の筆頭格として岳人を魅了してきた。

筆者が初めて大雪山に登ったのは1968年、大学3年の夏のこと。層雲峡から黒岳に登り、大雪山主稜から十勝連峰まで縦走したのが最初だ。次に旭岳に登ったのは2014年6月、北海道の温泉をめぐる取材旅行の途中だった。同業後輩の板倉君と旭岳温泉からロープウェイを使って姿見《すがたみ》ノ池まで散策したが、あまりの好天に誘われて旭岳まで足をのばしたというわけだ。暑さと登山が苦手な板倉君をなだめすかして山頂まで付き合わせたが、旭岳山頂からのワイルドな眺望はさすがは北海道の最高峰。花盛りのキバナシャクナゲも見事だった。

旭岳は、好天であれば散策の延長のように登頂する人も少なくないが、それなりの装備と足固めは必要。同行した板倉君は、そのときの下りで痛めた膝が一向に完治しない、といまだにボヤいている。このときは旭岳を往復しただけだったが、次は旭岳から間宮《まみや》岳→中岳分岐→裾合平《すそあいだいら》→姿見駅（約4時間40分）と周遊するコースを歩いてみたい。

（日本百名山、14年6月27日再訪、同行1名）

大雪山山頂からの眺望。一面のキバナシャクナゲの花の向こうに霞むのはトムラウシ山

大雪山の表玄関に湧く山岳温泉の代表格

旭岳温泉は、１９６８年に旭岳五合目の姿見駅まで10分で運ぶ大雪山旭岳ロープウェイの開通とともに宿泊施設10軒ほどが建ち並ぶ北海道を代表する観光温泉地となった。当初の名称は勇駒別《ゆこまんべつ》温泉だったが、82年に旭岳温泉と改称。14年の旭岳再訪のときは、ログハウス風の構えでいかにも登山客向きのロッジ・ヌタプカウシペに泊まった。ここの野趣に富んだ風呂は素晴らしい。ご主人が亡くなりいっとき休業したが、現在は夏の登山シーズンだけ奥さんのがんばりで営業中だ。

旭岳　標高2291m

- コースタイム→旭岳温泉駅からロープウェイ10分の姿見駅から旭岳まで登り2時間50分・下り2時間
- 2万5千分1地形図／旭岳・白雲岳・層雲峡

難易度 ★☆☆

旭岳温泉

ロッジ・ヌタプカウシペ ☎0166-97-2150◆泉質＝カルシウム・マグネシウム・ナトリウムー硫酸塩・塩化物泉◆源泉温度=52.6度　6月の山開きから10月中旬の営業（要確認）◆鉄道／JR石北本線旭川駅からバス1時間50分のキャンプ場前下車、徒歩1分◆車／道央自動車道旭川北ICから約1時間10分、旭川空港から約50分

ロッジ・ヌタプカウシペの野趣あふれる露天風呂

トムラウシ山とトムラウシ温泉

53年ぶりにリベンジした筆者の特別な山

2021年夏の北海道・東北遠征の一番の目標は、大雪山の奥座敷と称されるトムラウシ山にあった。1968年、大学3年の夏に登ったトムラウシ山は風雨とガスの中を登った記憶しかなく、どうしても再訪したい山だったからである。

7月21日夜、同行する東京から遠来の湯友&山友の柴田克哉・鹿野義治両君、札幌在住の荒谷大悟&中村沙織さん、そして筆者の5人はトムラウシ山短縮登山口に集結した。

トムラウシ温泉・東大雪荘の露天風呂

トムラウシ山　標高2141m

- コースタイム→トムラウシ温泉から車で20分の短縮登山口から登り7時間・下り5時間
- 2万5千分1地形図／オプタテシケ山・トムラウシ山

難易度 ★★★

トムラウシ温泉

東大雪荘 ☎0156-65-3021 ◆ 泉質＝ナトリウム－塩化物・炭酸水素塩泉 ◆ 源泉温度=83.4度 ◆ 鉄道／JR根室本線新得駅からバス1時間30分のトムラウシ温泉下車すぐ（7・8月のみ運転、要確認）、バスの運休期間中は新得駅から送迎バスで1時間10分（要予約）◆ 車／道東自動車道十勝清水ICから約1時間15分

トムラウシ公園から高山植物の咲く道を登ると、ようやくトムラウシ山の岩峰が姿を現す

トムラウシ山を仰ぎ見る南沼キャンプ指定地

トムラウシ公園を俯瞰する眺望抜群の展望地

トムラウシ山のコースタイムは登り7時間・下り5時間の約12時間。健脚者は日帰りするが、筆者の希望で山頂直下で幕営する1泊2日プランとした。

翌22日、登山口を6時20分に出発。10時35分にコマドリ沢出合に着き、昼食を兼ねて1時間休憩。雪渓とナキウサギの生息する岩のガレ場を登り、尾根上の前トム平に13時15分着。ひとしきり登り詰めた展望地から、いったん高山植物の宝庫のトムラウシ公園に下り、そこから最後の登りになる。コマクサの群生地を過ぎると、右前方にトムラウシ山の要塞のような岩峰が姿を現した。16時15分、先行した登山者のテントで埋まる南沼キャンプ指定地に到着。

幕営してから、明るいうちに登頂を目指す。幕営地から50分近くもかけて、17時50分、ついに53年ぶりのトムラウシ山に登頂。感無量だった。

その下山途中に携帯電話が鳴った。それは、敬愛してやまない1年先輩の急逝を知らせる訃報だった。いつも私の無謀ともいえる活動を見守りつつ、叱咤激励してくれた人だった。どうしても信じがたく、ただただ呆然とするばかり……。

かくして、トムラウシ山は特別の意味を持つ山になり、以降しばらくは鎮魂の登山となった。　（日本百名山、21年7月22～23日再訪、同行4名）

街中から車で1時間以上かかる東大雪の秘湯

一軒宿のトムラウシ温泉・東大雪荘は、１９６５年に新得町によって町民保養所として建設され、その後国民宿舎となった。建物はその後建て替えられ、館内はまるでリゾートホテルにいるような錯覚に陥るほどで、男女別内湯も露天風呂も大きく立派だ。街中から大雪山の山懐に車で1時間以上も走り込んだ秘境の環境にあり、登山はしなくても、わざわざ訪ねてみる価値十分の名湯である。

十勝岳《とかちだけ》と吹上《ふきあげ》温泉

硫化水素臭漂う火山灰の登山道の幻想的な光景

２０２１年７月23日夕方、トムラウシ山から下山した柴田・鹿野両君、荒谷＆中村さんと筆者の５人は、十勝岳登山口の吹上温泉にいた。十勝岳は21歳だった１９６８年夏、18年７月31日に次いで３回目の登山になる。

翌朝５時15分に出発したが、昭和噴火口に10時着。普通なら登頂している時間だ。どうにも疲労度が半端じゃなく、この段階で当初のオプタテシケ山登頂計画を断念。十勝岳に近い上ホロ避難小屋泊への計画変更を要請した。

昭和噴火口からもコースタイムの倍近い時間を要し、14時に十勝岳登頂。15時30分には上ホロ避難小屋に入った。翌25日の天気予報は芳しくなく、このまま上ホロカメットク山を越えての下山も考えて就寝。ところが、夜中に外に出てみると、なんと満天の星！　急遽、十勝岳→美瑛《びえい》岳→吹上温泉コースに変更し、登り返した十勝岳には３時58分に登頂。見事な御来光《ごらいこう》を拝すことができた。

十勝岳から美瑛岳への稜線を快調に歩き、美瑛岳には９時35分に登頂。しかし、美瑛富士分岐からのブッシュ気味の下りがきつく、体力を消耗。何度も休憩をとりながら、吹上温泉キャンプ場には17時にようやく帰還した。

その夜、十勝岳温泉・湯元凌雲閣で北海道山行打ち上げの宴を張った。これに東京から遠来の湯友・長尾祐美《ますみ》さんの飛び入りサプライズも加わり、賑やかな打ち上げの宴となった。

（日本百名山、21年７月24〜25日再訪、同行４名）

美瑛岳へ続く尾根道から十勝岳方面の眺望

上ホロ避難小屋への道から振り返った十勝岳

入浴と素泊まり専用施設1軒のみの温泉

吹上温泉の施設は、日帰り入浴と素泊まりだけできる吹上温泉保養センター白銀荘《はくぎんそう》しかないが、十勝岳を目指す登山者にとってはオアシス的な存在だ。キャンプ場完備で、入浴可能時間が22時まで（受付終了21時）と遅いのも便利で、サウナ付き大浴場と大きな露天岩風呂が快適だ。また、もう1ヶ所、少し離れた場所に「吹上露天の湯」がある。TVの人気ドラマだった『北の国から』で、田中邦衛と宮沢りえの混浴シーンの舞台となった、無人で無料の混浴露天風呂だ。駐車場で車中泊して楽しむ他県ナンバーの湯客の姿も見かけた。

吹上温泉保養センター白銀荘の露天風呂（男湯）

十勝岳　　標高2077m

◆ コースタイム→吹上温泉登山口から十勝岳まで登り4時間・下り2時間50分
◆ 2万5千分1地形図／白金温泉・十勝岳

難易度 ★★☆

吹上温泉

吹上温泉保養センター白銀荘 ☎0167-45-4126 ◆ 泉質＝カルシウム・ナトリウム－硫酸塩・塩化物泉 ◆ 源泉温度＝51.0度 ◆ 鉄道／JR富良野線上富良野駅からバス30分、吹上保養センター白銀荘下車すぐ ◆ 車／道央自動車道滝川ICから約1時間50分（旭川空港から約1時間）

十勝岳の登山道では火山ガスが立ち込める砂漠のような日本離れした景観を見せる

富良野岳《ふらのだけ》と十勝岳《とかちだけ》温泉

富良野岳の山頂間近の登山道。傾斜は緩やかになり、路傍は一面のお花畑だ

富良野岳　標高1912m

- ◆ コースタイム→十勝岳温泉登山口→上ホロ分岐→かみふらの岳→三峰山経由で登り5時間30分（直接富良野岳に登る場合は登り3時間30分）・下り2時間30分
- ◆ 2万5千分1地形図／十勝岳

難易度 ★★☆

十勝岳温泉

湯元凌雲閣 ☎0167-39-4111 ◆ 泉質＝含鉄（Ⅱ）ーカルシウム・ナトリウムー硫酸塩泉ほか ◆ 源泉温度=51.1度（2号井）◆ 鉄道／JR富良野線上富良野駅からバス40分、十勝岳温泉凌雲閣下車すぐ ◆ 車／道央自動車道滝川ICから約1時間50分（旭川空港から約1時間）

正面に十勝連峰を仰ぎ見る湯元凌雲閣の露天風呂

富良野の人々の故郷の山は「花の名山」

富良野岳は十勝連峰の南西端にそびえる秀峰で、「花の百名山」に選ばれているほど高山植物も多く、姿形《すがたかたち》の美しい立派な山なのに、なぜか日本三百名山にも選ばれていない。これは不当な扱いといえるのではないか。富良野岳ファンでなくとも、そう思うほど魅力的な山である。

初めて登ったのは１９６８年、大学3年の夏合宿で大雪山から十勝連峰まで縦走したときだから、かれこれ半世紀以上も前になる。そのとき、富良野岳は大縦走のゴールとなった山なのだが、ほとんど記憶がない。合宿終了の安堵感、そして下山後に浸かった十勝岳温泉のほうが印象に強く残っている。

そんな思い出を胸に、再訪したのはちょうど50年後のことであった。このときは、同業後輩の板倉君の登山口までの送迎サポートを得て、1日目は望岳台から十勝岳、上ホロカメットク山を経て、かみふらの岳から十勝岳温泉に下山して宿泊。翌日、十勝岳温泉からかみふらの岳まで登り返し、三峰《さんぽう》山経由の稜線を歩いて富良野岳に登頂。復路は直接十勝岳温泉に下る周遊プランだった。

十勝岳温泉からほぼ1時間で、富良野岳へ直行する登山道との分岐点。そこから稜線までは、直登《ちょくとう》の木段の連続でかなりきつい。それでも登るごとに視界が開け、富良野岳へと続く稜線の眺めは圧巻だ。1時間40分かけて登り着いた稜線は、かみふらの岳。ここから三峰山を越えて富良野岳を目指す尾根歩きはそれほどきついアップダウンでもなく、コースタイムで約3時間。楽しい道のりだ。三峰山からの下りでは正面に富良野岳を望み、高山植物の花園を行く。十勝岳温泉からの登山道を合わせると、いよいよ最後の登りだ。ここから約1時間の登りになるが、登山道脇の斜面を埋め尽くす高山植物のお花畑には目をみはった。さすが「花の百名山」だけのことはあった。

(18年8月2日再訪、単独行)

十勝連峰を眺めて浸かる至福のにごり湯の露天風呂

十勝岳温泉は、北海道の温泉の中では最多訪問のお気に入りの温泉だ。定宿は車道の終点に建つ湯元凌雲閣。標高1280m、北海道では一番標高の高い場所にある湯宿で、名物は十勝連峰を正面に仰ぎ見ながら浸かる展望露天風呂。赤褐色のにごり湯の印象も強烈である。登山適期は6~10月だが、湯元凌雲閣の露天風呂を満喫するには、やはり十勝連峰が冠雪《かんせつ》しているシーズンがベストだ。

三峰山の下りから見た富良野岳に続く尾根道

稜線間近の登りから望む富良野岳に続く稜線

北側の火口原から間近に望む溶岩ドーム

登山道から振り返り見た雲海に沈む支笏湖

樽前山《たるまえやま》と丸駒《まるこま》温泉

激しく噴煙上げる溶岩ドームの一周コース

２０２１年７月16日早朝、小樽港に上陸。支笏湖畔近くの樽前山七合目登山口を目指した。６時30分に着いたが、駐車場はすでに７割が埋まっていた。

樽前山には16年７月、「日本百名山」完登の旅の途中に立ち寄ったが、前日の羊蹄山《ようていざん》登山の疲労が濃く、その日は東山往復だけで下山。今回は溶岩ドームの外輪山一周コースとともに、風不死岳《ふっぷしだけ》の登頂も狙っていた。

７時35分出発。ほぼ１時間かけて外輪山に立つと、目前に１９０９（明治42）年４月の噴火で誕生した溶岩ドームが忽然と姿を現す。まさに奇観である。

ここから急登10分、一等三角点*が設置された東山（標高１０２２ｍ）に登頂。樽前山最高点の溶岩ドーム（標高１０４１ｍ）は立入危険区域なので、一般的にはここが最高点だ。東山からは羊蹄山や支笏湖の青い湖水が美しく望めた。

東山から周回コースを下ると、まもなく風不死岳分岐。ところが、風不死岳から戻って来た登山者がいま山頂付近にヒグマが出たのでやめたほうがいい、との忠告。ちょっと迷ったが、ここは自重して樽前山一周に絞ることにした。

周遊コースの北側は火口原で、溶岩ドームがより間近に迫る。火口原から外輪山に登り着いたところが西山（標高９９４ｍ）。ここで昼食にして、１時間近く休憩。３６０度の角度から活火山の迫力を堪能しつつ一周し、七合目登山口には13時30分に帰還した。

（日本二百名山、21年７月16日再訪、単独行）

＊三角点…国土地理院が地図を制作する際に作る基準となる点。一等から四等まである。

外輪山最高峰で、一等三角点が設置された東山の山頂。右手遠くに羊蹄山も眺望

支笏湖北岸に自噴する一軒宿の名湯

支笏湖には南岸に支笏湖温泉もあるが、北岸の恵《え》庭《にわ》岳山麓に湧く大正初期開湯の丸駒温泉・丸駒温泉旅館が代表格だ。秘湯の一軒宿という環境にあるが、施設は近代的なリゾートホテル風で、充実の内容を誇る。なかでも風呂が抜群で、湖岸には日ごとの湖水の水位によって深さが異なるという足元湧出泉の天然岩風呂、館内にある支笏湖と風不死岳を正面に眺望する展望露天風呂や大浴場の魅力は、ともに甲乙つけがたい。源泉4本を所有し、湯量も豊富。貸切風呂（別料金）も2つある。

樽前山　　標高1022m（東山）

◆ コースタイム→丸駒温泉から車で約30分の七合目登山口から東山まで登り1時間10分・下り50分（東山分岐から樽前山外輪山一周約1時間40分）
◆ 2万5千分1地形図／支笏湖温泉・樽前山

難易度 ★☆☆

丸駒温泉

丸駒温泉旅館 ☎0123-25-2341 ◆ 泉質＝ナトリウム・カルシウム－塩化物・炭酸水素塩・硫酸塩泉 ◆ 源泉温度=50.3度（1号井）◆ 鉄道／ JR千歳線千歳駅からバス50分の支笏湖バス停から送迎車で10分（要連絡）◆ 車／道央自動車道千歳ICから約45分

丸駒温泉の展望露天風呂から支笏湖と風不死岳

ニセコアンヌプリとニセコ五色《ごしき》温泉

往復3時間で登れるニセコ連峰の最高峰

ニセコアンヌプリは、2018年8月に登ったときの山頂からの展望がイマイチだったので、より良い写真を撮るためにいま一度リベンジしたいと思っていた。

21年7月18日、ニセコ五色温泉旅館に泊まった翌朝、朝食までにニセコアンヌプリに登ってくる計画を立てた。コースタイムは休憩込みで3時間少々。4時15分に出発。まずまずのピッチで登り、朝日に照らされてニセコ五色温泉側に影を落とすニ

ニセコ五色温泉旅館の絶景の露天風呂

ニセコアンヌプリ 標高1308m

◆ コースタイム→ニセコ五色温泉登山口から登り1時間45分・下り1時間15分
◆ 2万5千分1地形図／ニセコアンヌプリ

難易度 ★☆☆

ニセコ五色温泉

ニセコ五色温泉旅館 ☎0136-58-2707 ◆ 泉質＝ナトリウム・カルシウムー塩化物・炭酸水素塩泉 ◆ 源泉温度=63.3度　4月下旬～ 11月上旬の営業 ◆ 鉄道／JR函館本線ニセコ駅からバス1時間15分、五色温泉郷下車徒歩5分（7月下旬～ 10月中旬の土曜・休日と7月下旬～ 8月下旬の毎日運転、要確認）◆ 車／後志自動車道余市ICから約1時間15分

標高1308mのニセコアンヌプリ山頂。目前に羊蹄山の秀麗な山容を望む

イワオヌプリはニセコアンヌプリの展望台

ニセコアンヌプリの山頂が迫る直下の登り

セコアンヌプリの山容やイワオヌプリなどの山々、そして眼下に広がるニセコの田園風景と町の風景、路傍を彩る高山植物の花も十分に楽しめた。

6時10分、標高１３０８ｍのニセコアンヌプリ山頂に立った。快晴の空の下、リベンジの甲斐あって、前回は見えなかった秀麗な姿の羊蹄山が驚くほど近くに望めた。静まり返った早朝の山頂に15分滞在したあと、急ぎ足で下山し、ニセコ五色温泉旅館には7時45分に帰還。朝食はすでに始まっていたが、なんとか間に合った。（日本三百名山、21年7月19日再訪、単独行）

ニセコアンヌプリと向かい合うイワオヌプリは、標高１１１６ｍの活火山。硫黄山とも呼ばれるこの山からニセコアンヌプリを眺めてみたいと思い、後日ニセコ在住の湯友トムさんとルカオさんをむりやり誘って登ってみた。このルートは活火山らしく変化に富み、とても魅力的だ。山頂からの眺望も申し分なく、目前にニセコアンヌプリ、その背後に羊蹄山の頭が覗く贅沢な景色が堪能できる。ニセコ五色温泉から往復2時間半ほどで登れる山なので、ニセコアンヌプリと組み合わせれば適度な１日コースになる。（21年7月27日登頂、同行2名）

目前にニセコアンヌプリを仰ぎ見る絶景露天風呂

ニセコ五色温泉は標高７５０ｍに湧く高所温泉。かつては国鉄山の家などの宿泊施設もあったが、現在営業しているのは湯治《とうじ》棟も持つニセコ五色温泉旅館１軒だけだ。ここの温泉と風呂は素晴らしい。大きな湯船が２つある大浴場もいいが、ニセコアンヌプリを正面に仰ぎ見る露天風呂が圧巻だ。ほかにも男女別の内湯＋露天風呂を持つ「から松の湯」、さらに湯治棟にも男女別の内湯を完備。ニセコ随一の温泉三昧の宿ともいえるが、１人客の宿泊を受け付けないのは残念。

東北

12〜41

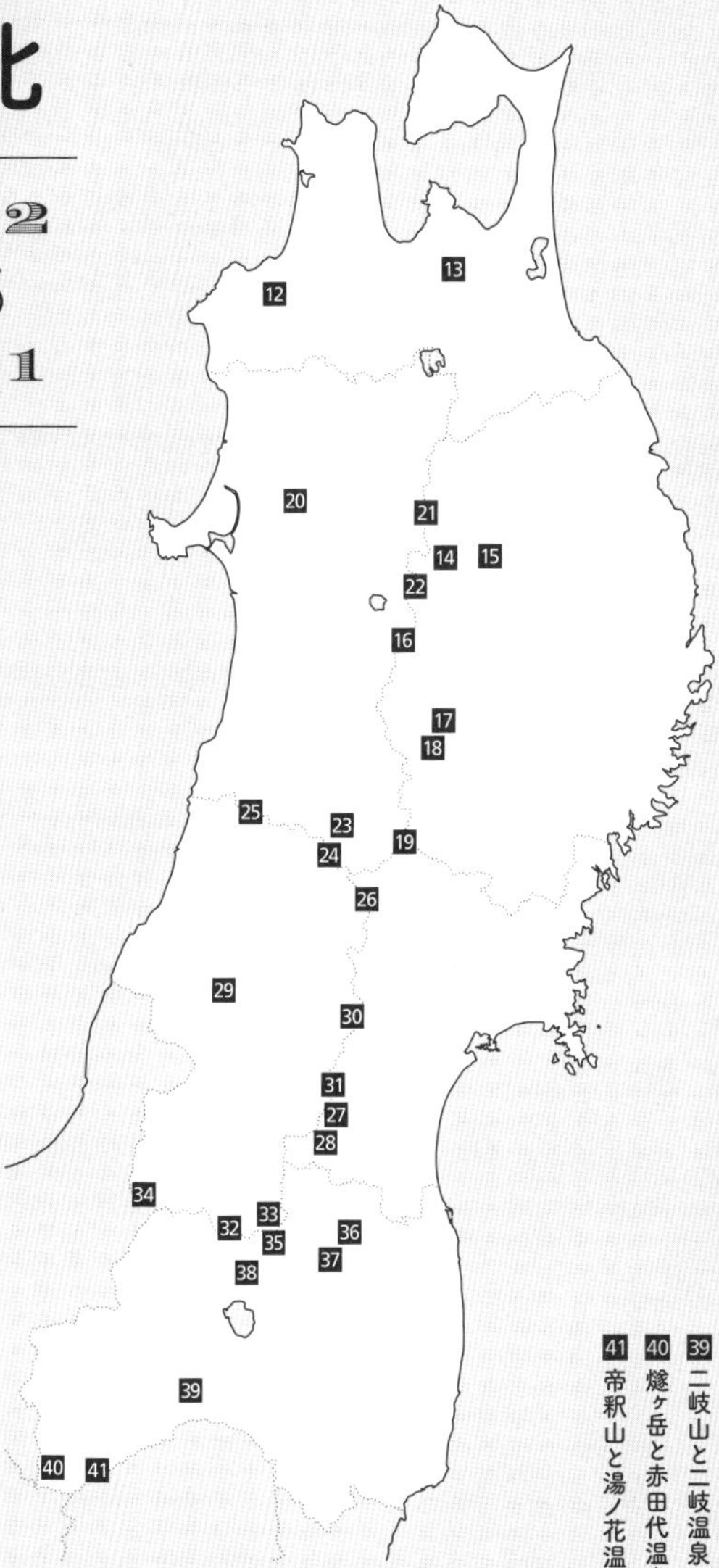

12 岩木山と嶽温泉

13 八甲田山と酸ヶ湯温泉

14 三ツ石山と松川温泉

15 岩手山と網張温泉

16 秋田駒ヶ岳と国見温泉

17 牛形山と夏油温泉

18 焼石岳と湯川温泉

19 栗駒山と須川温泉

20 森吉山と杣温泉

21 八幡平と蒸ノ湯温泉

22 乳頭山と乳頭温泉郷

23 泥湯三山と泥湯温泉

24 神室山と鷹の湯温泉

25 鳥海山と猿倉温泉

26 禿岳と鬼首温泉郷

27 南屏風岳と青根温泉

28 不忘山と鎌先温泉

29 月山と湯田川温泉

30 船形山と東根温泉

31 蔵王山と蔵王温泉

32 西吾妻山と新高湯温泉

33 兵子と姥湯温泉

34 飯豊連峰と飯豊温泉

35 一切経山と高湯温泉

36 箕輪山と新野地温泉

37 安達太良山と岳温泉元湯

38 磐梯山と裏磐梯弥六沼温泉

39 二岐山と二岐温泉

40 燧ヶ岳と赤田代温泉

41 帝釈山と湯ノ花温泉

不忘山
28

岩木山
12

月山
29

秋田駒ヶ岳
16

飯豊連峰（飯豊山）
34

乳頭山
22

磐梯山
38

神室山
24

燧ヶ岳（俎嵓）
40

鳥海山（七高山）
25

岩《いわ》木《き》山《さん》と嶽《だけ》温泉

岩石の広場状の岩木山頂。岩木山神社奥宮、避難小屋、バイオトイレなどの施設が建つ

津軽の人々にとっての精神的支柱の名峰

津軽の人々にとって、〝津軽富士〟と称えられる岩木山は特別な山である。それは「おいわきやま」と崇敬と親しみをもって呼ばれていることでもわかる。

岩木山に登るのは3度目になる。過去2度は岩木山スカイライン八合目からだったが、この山は岩木山神社から登拝《とうはい》道を登るのが王道だ。それに、夏場に咲く固有種のミチノクコザクラを観てみたい、という思いに駆られて再訪した。

岩木山神社の鳥居前に建つ自家源泉で立ち寄り入浴不可の宿、富士見荘に前泊。翌朝、朝食を弁当にしてもらい、5時

岩木山　標高1625m

- コースタイム→嶽温泉からバス10分の岩木山神社登山口から登り4時間20分・下り1時間（八合目バス停まで）。八合目から嶽温泉までのバスはおよそ2時間に1本（1日4本、30分所要）、歩いても2時間程度で下山できる
- 2万5千分1地形図／岩木山

難易度 ★★☆

嶽温泉

小島旅館 ☎0172-83-2130 ◆ 泉質＝酸性・含硫黄ーカルシウムー塩化物泉 ◆ 源泉温度=48.2度 ◆ 鉄道／ JR奥羽本線弘前駅からバス55分（八合目からはバス30分）、岳温泉前下車徒歩3分 ◆ 車／東北自動車道大鰐弘前ICから約40分

嶽温泉・小島旅館の総ヒバ造りの内湯

に出発。まずは岩木山神社に参拝し、神社脇から登拝《とうはい》道に入る。鎮守の森と桜林公園、スキー場のゲレンデを登り詰め、再び本格的登拝道へ。カラスの休場、鼻コクリ、避難小屋の建つ姥石《うばいし》と樹林帯の中をひたすら登り、やがて岩がゴロゴロ転がる足場の悪い大沢に至る。6月下旬までは雪渓に埋まっていた道だ。坊主コロバシなんて名称の難所もあり、転倒滑落に注意しながら登る。この辺から種蒔《たねまき》苗代《なわしろ》にかけての路傍で鮮やかな紫色のミチノクコザクラの花が観られる。

貴重な水場の錫杖《しゃくじょう》清水で朝食を摂りながら1時間近くも休憩。標識には山頂まであと1時間10分とある。ようやく岩木山に続く岩峰を望むのが種蒔苗代で、さらに10分で避難小屋の鳳鳴《おうめい》ヒュッテ。八合目からの登山道との合流点だ。ここから山頂までのコースタイムは30分だが、50分かけて11時45分に岩木山頂に立った。岩木山神社からは休憩込みでほぼ5割増しの時間を要した。

岩石で占められた広場状の山頂には、岩木山神社奥宮が鎮座し、バイオトイレも設置されている。展望は文字通り３６０度の大パノラマ。快晴であれば八甲田山や津軽平野、津軽海峡を隔てて北海道も望めるのだが、この日は残念ながら遠くまでの眺望はなかった。

（日本百名山、21年7月30日再訪、単独行）

岩木山麓に湧く古い歴史を刻む津軽の名湯

岩木山麓の名湯といえば嶽温泉。藩政時代の開湯で、ほぼ４００年の歴史を刻む古湯であり、白濁の酸性硫黄泉が特徴だ。宿7軒ほどと食堂や土産店もあり、湯治場の風情も残している。筆者の贔屓は木造3階建ての小島旅館で、総ヒバ造りの湯船が見事。ほかにも近くに鄙《ひな》びた風情の湯段《ゆだん》温泉や湯量豊富な百沢《ひゃくさわ》温泉もあり、山麓で個性的な湯めぐりが楽しめるのも岩木山の大きな魅力である。

山頂へ残り40分の種蒔苗代から岩峰を望む

鳳鳴ヒュッテ先の急登から八合目方面を俯瞰

6月下旬の上・下毛無岱はワタスゲの花盛り

八甲田大岳から避難小屋の建つ鞍部への下り

八甲田山《はっこうださん》と酸ヶ湯《すかゆ》温泉

たおやかな山容と高山植物咲く湿原の美観

八甲田山の名は、1902（明治35）年の冬に発生した青森歩兵第5連隊の雪中行軍遭難事件で一躍世に知られることになった。新田次郎著『八甲田山 死の彷徨』、高倉健主演の映画『八甲田山』も話題を呼んだ。それらによって、真っ先に豪雪の八甲田山が想像されるが、初夏から夏にかけての八甲田山は実に優しく美しく穏やかな風景を見せる。八甲田大岳《おおだけ》、高田大岳など8つの峰（八甲）と点在する湿原（田）をめぐる山行には、山歩きの魅力が凝縮されている。

八甲田山には、大学の部活の後輩たちと八甲田山麓の蔦《つた》温泉で懇親の旅を開催したとき、その旅を延長して登った。この月、白山に登ったのがきっかけとなり、登り残した「日本百名山」の完登を志したばかりだったので、この機会に八甲田山、岩木山、早池峰山《はやちねさん》、岩手山と4日間連続登山を敢行した。

蔦温泉に泊まった翌日、後輩の渡辺直樹君と酸ヶ湯温泉上の登山口から地獄湯沢→仙人岱《せんにんたい》→八甲田山大岳→上毛無岱《かみけなしたい》→下毛無岱《しもけなしたい》と周遊コースを歩いて酸ヶ湯温泉に泊まった。このコースは八甲田山の魅力が凝縮された初心者向きのハイキングコースで、いかにも逍遥《しょうよう》という表現が似つかわしい。

初夏から夏、登山道は雪渓や花に彩られる。深田久弥氏は『日本百名山』で、「これほど美しい高原は滅多にない……神の工を尽した名園のおもむきがある」と上・下毛無岱を絶賛している。（日本百名山、17年6月27日登頂、同行1名）

仙人岱の先、小岳分岐を過ぎると八甲田大岳へ続く斜面にはまだ雪渓が残っていた

湯治文化を守る八甲田随一の名湯

酸ヶ湯温泉は江戸初期発見の古湯で、昔から湯治場として親しまれてきた。十和田湖と結ぶ観光ルートの開通で脚光を浴びる温泉場となったが、一軒宿の酸ヶ湯温泉旅館は現在でも観光部よりも自炊長《なが》逗留《とうりゅう》できる湯治部の客室のほうが多く、湯治文化を頑なに守る。名物は混浴の総ヒバ造りの千人風呂（女性専用時間あり）で、広さ80坪の文化財級の浴室には大きな湯船で足元湧出泉の熱の湯、四分六分の湯、冷の湯、湯滝などを備えている。ほかに、男女別小浴場の「玉の湯」も完備。

八甲田山　標高1585m（大岳）

◆ コースタイム→酸ヶ湯温泉上の登山口から八甲田大岳まで登り2時間40分・八甲田大岳から上・下毛無岱経由で酸ヶ湯温泉まで下り2時間30分
◆ 2万5千分1地形図／酸ヶ湯・八甲田山

難易度 ★★☆

酸ヶ湯温泉

酸ヶ湯温泉旅館 ☎017-738-6400◆泉質＝酸性・含硫黄・鉄ーアルミニウムー硫酸塩・塩化物泉◆源泉温度＝50.0度（熱湯）◆鉄道／東北新幹線新青森駅（東口）からバス1時間20分、酸ヶ湯温泉前下車すぐ◆車／東北自動車道黒石ICから約45分、青森自動車道青森中央ICから約50分

酸ヶ湯温泉名物、混浴の総ヒバ造り千人風呂

三《み》ッ《つ》石《いし》山《やま》と松川《まつかわ》温泉

往復4時間弱で満喫できる大展望と紅葉美

三ッ石山は、網張高原の北方、大松倉山《おおまつくら》から大深山《おおふかやま》を経て八《はち》幡平《まんたい》へと続く、裏岩手縦走路と呼ばれる稜線上の一山である。標高も１５００ｍに届かず、知名度はあまり高くはないようだが、知る人ぞ知る紅葉の名所で、岩手山や烏帽子《えぼし》岳（乳頭山）など周辺の山々の好展望地、そして登山口には松川温泉という白濁の名湯も控えている。短時間で登れて、これだけの魅力が揃った山はそうはない、と言っていいだろう。

登山口にある松川温泉・松川荘の露天風呂

三ッ石山　標高1466m

- コースタイム→松川温泉登山口から登り2時間10分・下り1時間30分
- 2万5千分1地形図／松川温泉

難易度 ★☆☆

松川温泉

松川荘 ☎0195-78-2255◆泉質＝単純硫黄泉◆源泉温度=83.7度（松川荘新湯）。峡雲荘 ☎0195-78-2256◆泉質＝単純硫黄泉◆源泉温度=54.7度（新駒鳥の湯）◆鉄道／東北新幹線盛岡駅からバス1時間50分、松川温泉下車（松川荘まで徒歩5分、峡雲荘はすぐ）◆車／東北自動車道松尾八幡平ICから約30分

例年9月下旬～10月初旬の紅葉シーズンにはハイカーで賑わう三ッ石山の山頂部

山頂近くの登山道から岩手山方面の眺望

三ツ石湿原から見た三ツ石山へ続く斜面

この山には２００３年秋に一度登っている。そのときは網張温泉から登山リフトを利用して犬倉山下から大松倉山→三ツ石湿原→三ツ石山と歩いた。三ツ石湿原に戻って松川温泉に下山したが、紅葉の美しさに感嘆した記憶がある。

今回の再訪は、前日に秋田・山形県境の神室山《かむろさん》に登った際、山頂で出会った登山者から「昨日登った三ツ石山の紅葉が盛りでしたよ」と聞いたからである。それで予定を変更して、神室山から下山した足で松川温泉まで移動。その日は松川温泉の登山者用駐車場で車中泊して、翌日の登山に備えた。

三ツ石山への登山口は松川温泉の松川荘前にある。しばらくは林間に木段が続く急登を行くが、やがて緩やかな登りになり、林間を抜けると三ツ石湿原。無人の山小屋の三ツ石山荘が建ち、コース上の絶好の休憩ポイントとなっている。

三ツ石湿原から三ツ石山までは約30分の急登だ。振り返ると、岩手山の秀麗な山容が大きく、西に目を転じると烏帽子岳（乳頭山）や秋田駒ヶ岳も視界に入る。

三ツ石山の山頂はそこだけ突起した岩塊で、あたかも大自然が造った展望台のよう。周囲には紅葉の絨毯《じゅうたん》が広がり、まさに天上の楽園の趣である。山頂での大パノラマを満喫したら、あとは往路を戻る。（19年10月2日再訪、単独行）

紅葉の名所で知られる松川渓谷の上流部に湧く白濁の名湯

松川温泉の現在は八幡平に通じる樹海ラインの開通で開かれた感があるが、それまでは行き止まりの秘湯だった。すぐ奥に日本第1号の松川地熱発電所があるブナ林に囲まれた静かな環境に建つのは松川荘と峡雲荘、２㎞ほど下流の渓流沿いに松楓荘の3軒の宿がある。湯は白濁する単純硫黄泉で、3軒とも立派な露天風呂を備えている。独自の源泉を持つ松楓荘がもっとも秘湯の趣がある。

岩手山《いわてさん》と網張《あみはり》温泉

南部人の心のよりどころの「ふるさとの山」

岩手山は、崇敬《すうけい》の念とともに「南部富士」「南部片富士」などと呼ばれる岩手県の最高峰である。古くから信仰の対象となった霊山であり、各方面から登拝道が開かれているが、もっともよく登られているのが南面の馬返し登山口だ。

岩手山には「日本百名山」完登を志した翌年の２０１７年６月に登った。網張温泉に前泊した翌朝、馬返し登山口駐車場を4時30分に出発。この日、盛岡市内でも30度を超す猛暑予報だったので、涼しいうちに登るために早立ちしたが、八甲田山、岩木山、早池峰山と続いた連日登山の疲労もあり、ペースは遅れた。二・五合目からはガレ場を行く旧道を登ったが、カンカン照りがこたえた。

新道と合流する七合目鉾立《ほこだて》からは緩やかな勾配のハイマツ帯となり、避難小屋の建つ八合目には9時20分着。小屋前の御成清水《おなりしみず》では生き返る思いで、大休止。ここまで来れば最高峰の薬師岳まで1時間ほどだ。不動平十字分岐で右に折れて山頂を目指す。火口壁への火山砂礫《されき》の登りでは消耗したが、お鉢の火口壁に取り付いてからは三十三観音に見守られながらのお鉢をめぐる快適な尾根道になる。

最高峰の薬師岳には10時45分登頂。結局、休憩抜きでコースタイムの１・５倍近くかかったが、４日連続登山の達成感はあった。視界３６０度の山頂からは、昨日登った早池峰山も望むことができたが、火口丘の妙高山のたおやかな山容が強く印象に残った。

（日本百名山、17年6月30日登頂、単独行）

中央火口丘の妙高山（右）と薬師岳（奥）

不動平十字分岐から岩手山主峰方面を望む

開湯1300年余の岩手山南麓に湧く古湯

網張温泉は、和銅年間（708〜15）開湯と伝わる古湯。藩政時代は勝手に入れないように網が張られたことが名称の由来だ。約2km離れた山腹にある泉源から現在地に引湯されたのは1877（明治10）年。湯治場として栄えた時期もあったが、その後廃《すた》れてしまい、1965（昭和40）年に国民休暇村が誘致され、ようやく名湯が復活した。宿は休暇村岩手網張温泉1軒のみだが、大規模で収容力があり、館内の2ヶ所ある浴場や宿から徒歩10分ほどの谷間に設けられた野趣満点の露天風呂「仙女の湯」で、白濁する魅惑の硫黄泉が堪能できる。

網張温泉・休暇村岩手網張温泉の「仙女の湯」

岩手山　標高2038m

- コースタイム→東北新幹線盛岡駅から車で約40分の馬返し登山口から登り4時間30分・下り3時間30分。水の補給は登山口からすぐの鬼又清水と岩手山八合目避難小屋で可能だ
- 2万5千分1地形図／姥屋敷・大更

難易度 ★★★

網張温泉

休暇村岩手網張温泉 ☎019-693-2211◆泉質＝単純硫黄泉◆源泉温度=72.9度◆鉄道／東北新幹線盛岡駅の西口駅前広場27番から無料送迎バス（前日までに要予約）で約50分◆車／東北自動車道盛岡ICから約30分、滝沢ICから約20分（馬返し登山口まで車で約20分）

三十三観音が見守るお鉢めぐりの砂礫の道を行く。最高峰の薬師岳は目前だ

秋田《あきた》駒《こま》ヶ《が》岳《たけ》と国見《くにみ》温泉

砂礫地にミヤマキンバイが満開の大焼砂の途中から望む男岳《おだけ》（右）と女岳《めだけ》（左）

岩手・秋田の県境にそびえる高山植物の宝庫

秋田駒ヶ岳は大好きな山で、いままでに5度登っている。「温泉百名山」では岩手県側の国見温泉と組ませることにし、18年ぶりに国見温泉側から登ってみた。

車道終点の登山口を6時にスタート。秋田駒ヶ岳からのびる長大な尾根（横長根）に出ると、折からシラネアオイが花盛り。ただ、ガスと強風で状況は悪化。すると、先ほど追い抜いて行った単独行の登山者が下山して来た。聞けば、上は吹き飛ばされそうな強風で、とても登れそうにないという。

風避けの灌木《かんぼく》の下で天気待ちしながら、この60歳半ばとお

秋田駒ヶ岳　標高1637m

- ◆ コースタイム→国見温泉から登り3時間・下り2時間20分（秋田新幹線田沢湖駅からバス1時間の駒ヶ岳八合目からは登り1時間40分・下り1時間15分、バスは季節運転・羽後交通田沢湖営業所 ☎0187-43-1511に要確認）
- ◆ 2万5千分1地形図／国見温泉・秋田駒ヶ岳

難易度 ★★☆

国見温泉

石塚旅館 ☎090-3362-9139 ◆ 泉質＝含硫黄ーナトリウムー炭酸水素塩泉 ◆ 源泉温度=54.5度　5月中旬～ 11月初旬の営業 ◆ 鉄道／秋田新幹線雫石駅からタクシーで約30分 ◆ 車／東北自動車道盛岡ICから約1時間

国見温泉・石塚旅館の露天風呂（17 ～ 8時は混浴）

ぼしき登山者と問わず語りに話すうち、その内容に驚いた。数年前にガンを患い、退院後に一念発起。大阪府堺市の自宅を売却し、軽自動車を寝泊まりできるように改造して旅に出たという。気ままに全国の山に登りつつ、すでに3年近くが経過。しかもガンは悪性リンパ腫だったそうで、実は私も同病だったと話すと、今度は彼が驚いた。天気予報では昼前から回復するはずだ。これもなにかの縁、行けるところまでご一緒しませんかと誘うと、彼も同意。1時間後に出発した。

火山礫の大斜面の大焼砂《おおやけすな》に出ると、なるほどものすごい強風で視界数メートルの濃いガスの中だ。喘《あえ》ぎつつ大焼砂を突破し、横岳から稜線を進むと、ついにガスが切れ、阿弥陀池と秋田駒ヶ岳最高峰の男女岳《おなめだけ》（女目岳）が姿を現した。

避難小屋とトイレ棟が建つ火口湖の阿弥陀池畔《ほとり》から約20分、標高1637mの男女岳に10時45分に登頂。記念写真を撮って、すぐに下山を開始した。

天候が回復し、往路では何も見えなかった景色が感動的だった。彼とは石塚旅館で入浴してから別れたが、まさに一期一会。彼はいまでも風の吹くまま気の向くまま、たった1人で旅を続け、どこかの山に登っているのだろうか。元気でいることを祈らずにはいられない。（日本二百名山、21年6月7日再訪、単独行）

鮮烈で衝撃的で神秘的なグリーン色の名湯

標高850mに湧く国見温泉の開湯は江戸中期。その湯は自然のものとは思えないほどの鮮烈なグリーン色だ。この湯に出会ったことで、筆者が温泉に傾倒した記念碑的な名湯である。宿は湯元の石塚旅館と登山口前にある森山荘《もりさんそう》の2軒のみ。筆者の定宿は石塚旅館だが、最近は稼働する部屋数を抑えていて何度か泊まれず、日帰り入浴だけの訪問が続いている。早めの予約が必須の宿となった。

行きはガスと強風の中を登った大焼砂

横岳の下りから見た阿弥陀池と男女岳

九合目付近から牛形山へと続く尾根を眺望

九合目から見た白子森から鷲ヶ森山の稜線

牛形山《うしがたやま》と夏油《げとう》温泉

ブナの美林と眺望が魅力の夏油三山の展望峰

夏油温泉を取り囲むように、焼石《やけいし》連峰の一角を占める駒ヶ岳、経塚山《きょうづかやま》、牛形山の夏油三山が連なる。といっても、この三山を結ぶ縦走路はなく、経塚山以外の二山は独立峰の趣だ。当初は慈覚《じかく》大師にゆかりの山といわれ、主稜に連なる経塚山（2003年秋登頂）を「温泉百名山」として再訪するつもりでいたが、夏油川に架かるトラス橋が通行不能になっていたため断念。18年秋登頂の牛形山と21年夏に登頂した駒ヶ岳を比較し、眺望が優れている牛形山を選ぶことにした。

夏油温泉登山口を9時10分に出発。30分ほどの地点で、経塚山方面へ向かう旧林道と分かれ、牛形山へは右の登山道へ。しばらくはブナの美林帯の中をひたすら登る。牛形山の山腹をトラバース*するあたりから視界が開け、鷲ヶ森山《わしがもりやま》方面への道との分岐点が八合目。このあたりは小さな湿地帯になっており、高山植物が多い。この先、補助ロープのある急登を経て取り付いた尾根上が九合目。正面に牛形山に続く斜面が迫り、背後には白子森や鷲ヶ森山に続く稜線が美しい。

牛形山には12時20分登頂。山頂は絶好の展望台で、曇天ながら、経塚山から天《てん》竺《じく》山に連なる焼石連峰、夏油温泉を眼下に駒ヶ岳や水沢方面の市街地が一望できた。牛形山は白子森から鷲ヶ森山を経て夏油温泉へと戻る周遊コースも歩かれているようだが、この日は同じ道を往復した。結局、2人の登山者に会っただけの静かさが心に沁みる山行だった。（18年10月16日登頂、単独行）

*トラバース…ピークに直登する縦走路を避け、山腹をほぼ水平に横巻きに歩いて進むこと。

標高は1340mしかない牛形山だが、360度のパノラマが楽しめる魅力的な山だ

焼石連峰の北東麓に自噴する名湯

夏油温泉は、平安時代に慈覚《じかく》大師の開湯とも、白猿を追った猟師の発見とも伝えられ、江戸時代の温泉番付では東の大関にランクされたというから、いずれにしても藩政時代にはすでに名湯の誉れが高かった古湯である。かつては数軒の宿や日帰り入浴施設もあったが、現在は渓谷沿いの左岸に足元湧出の露天風呂が点在する老舗の元湯夏油と、右岸に自家源泉4本を有し湯船の造りも湯づかいも秀逸な夏油温泉観光ホテルの2軒のみ。ともに甲乙つけがたい魅力を持つ秘湯感漂う湯宿である。

牛形山　標高1340m

- ◆ コースタイム→夏油温泉登山口から登り3時間・下り2時間30分
- ◆ 2万5千分1地形図／夏油温泉・三界山

難易度 ★★☆

夏油温泉

元湯夏油 ☎090-5834-5151◆泉質＝ナトリウム・カルシウム−塩化物泉◆源泉温度=59.7度（大湯）。夏油温泉観光ホテル ☎090-3367-4000◆泉質＝カルシウム・ナトリウム−硫酸塩泉◆源泉温度=62.3度（白猿の湯）。いずれも5月中旬～11月中旬の営業◆鉄道／東北新幹線北上駅から送迎車で約1時間（要予約）◆車／秋田自動車道北上西ICから約40分

夏油温泉・元湯夏油の足元湧出泉「疝気の湯」

焼《やけ》石《いし》岳《だけ》と湯《ゆ》川《かわ》温泉

ブナ林と湿原と高山植物が魅了する秀峰

岩手県奥州市の西方、市内からもすぐにそれとわかる偉容が栗駒国定公園に含まれる焼石連峰だ。１０００ｍを超す峰が14座連なる山塊《さんかい》で、最高峰は標高１５４７ｍの焼石岳。山腹のブナ林、山頂部に点在する池沼《ちしょう》と湿原、そして豊富な高山植物に恵まれた「花の山」とも称せられ、登山者を魅了する。

東北麓に湧く夏油温泉は夏油三山の牛形山と組ませたので、焼石連峰の主稜部はどの温泉がいいか調べたところ、北麓の旧

湯川温泉・高繁旅館自慢の露天風呂（男湯）

焼石岳　　標高1547m

- ◆ コースタイム→湯川温泉から車で約1時間（JR北上線ゆだ錦秋湖駅前から30分）の南本内岳登山口から登り4時間・下り3時間（※南本内川林道は21年度以降不通。復旧状況の確認は西和賀町観光協会 ☎0197-81-1135へ）
- ◆ 2万5千分1地形図／陸中川尻・三界山・焼石岳

難易度 ★★★

湯川温泉

高繁旅館 ☎0197-82-2333 ◆ 泉質＝ナトリウム－塩化物・硫酸塩泉 ◆ 源泉温度=76.6度 ◆ 鉄道／JR北上線ほっとゆだ駅から湯けむりタクシー（要予約）で15分 ◆ 車／秋田自動車道湯田ICから約15分

南本内岳から焼石岳へ。この先に縦走路や秋田県東成瀬村からの道が合流する分岐点がある

標高1486mの南本内岳は眺望絶佳の展望台

7月初めまで雪が残る南本内岳お花畑コース

湯田町にある湯田温泉峡をベースに、焼石連峰北端の南本内岳《みなみほんないだけ》から入るコースがあることがわかった。南本内岳は焼石連峰北端に突き出した尾根上の山で、長い間その存在は知られず、ようやく１９７３年に山名が付けられ、湯田側からの登山道が開かれたのは78年のことだという。登山口はJR北上線ゆだ錦秋湖駅前からおよそ16㎞、本内川源流部に向かって走り込む。約10㎞は未舗装の林道だ。

登山口を5時20分に出発。ブナ林の中の登りが続く。途中、新倉沢を渡り、ブナ清水で喉を潤し、2時間半ほどでお花畑コースと尾根コースの分岐。右手のお花畑コースを採る。木道の湿原、雪渓と続くと、まもなく左前方に南本内岳の尖った峰が見えた。南本内岳に9時25分に登頂し、ここで30分休憩。

南本内岳からは気持ちのいい尾根道を焼石岳まで約1時間だ。秋田県東成瀬村からの登山道が合流する鞍部から、岩が露出する急登を経て、焼石岳に11時登頂。快晴なら鳥海山、月山、岩手山、早池峰山、栗駒山などの名山が望める。なお、南本内川林道が土砂崩れのため２０２１年6月から通行止で、復旧にしばらくかかる見込みだ。その間は奥州市側の南麓から登る、焼石連峰の魅力が凝縮された中沼コースを推奨しておきたい。湯川温泉から中沼登山口へは車で1時間30分ほどである。

（日本二百名山、19年7月5日登頂、単独行）

湯田温泉峡きっての湯治文化が残る名湯

焼石山麓の名湯の筆頭は夏油温泉だが、その次は北麓の旧湯田町にある湯田温泉峡の温泉だろう。一番歴史があるのは湯本温泉だが、筆者の好みはいまなお湯治色の濃い湯川温泉だ。和賀川支流の小鬼ヶ瀬川沿いに下流から出途《でと》の湯、中の湯、奥の湯と続き、10軒ほどの宿が並ぶ。筆者は最奥の高繁旅館が定宿だ。

栗《くり》駒《こま》山《やま》と須《す》川《かわ》温泉

岩手・秋田・宮城の3県にまたがる活火山の秀峰

栗駒国定公園は、岩手・秋田・宮城・山形の4県にまたがるわが国屈指の広大な山岳公園で、その盟主として君臨するのが栗駒山だ。この名山が『日本百名山』に落選したのは誠に遺憾という人も多いと思うが、深田氏は後記に「東北地方では、秋田駒ヶ岳と栗駒山を入れるべきであったかもしれない」と述懐しているから、最後まで気になった当落線上の山であったことは確かなようだ。

栗駒山には宮城県側のいわかがみ平から2回登ったことがある。9月下旬に山腹を真っ赤に染める紅葉美は宮城県側のほうが優れていると思うが、再訪は東北新幹線一ノ関駅から路線バスが通う岩手県側の須川温泉にした。

須川高原温泉の脇から、須川温泉の豊富な湯量を物語る湯の沢沿いの登山道を行く。湯治小屋を過ぎ、岩山を登り、栗駒山に向かって木道が貫く大湿原の名残《なごり》ヶ原を抜ける。登山道が二手に分かれる地点では右の須川コースへ。火山風景の地獄谷を詰めると昭和湖が現れ、そこから急坂一気の尾根上が湯浜温泉からの登山道が合流する天狗平。あとは尾根道を20分ほどで、栗駒山山頂だ。

山頂での展望を楽しんだら、今度は反時計回りに自然研究路と呼ばれる斜面を下って行くと、名残ヶ原の上に戻る。須川温泉から往復3時間半足らず。それで、これだけの素晴らしい展望や火山地形、高山植物が楽しめるとあれば、人気の山にならないわけがない。

(日本二百名山、18年10月17日再訪、単独行)

昭和湖手前の硫化水素ガスが発生する地獄谷

高山植物や秋の草紅葉が楽しみな名残ヶ原

圧巻の自噴泉が湯川をつくって流れる名湯

須川温泉は江戸時代から湯治客がはるばる訪れていた古湯で、毎分1900リットルという圧巻の湯量を誇る。県境を挟んで2軒の宿があるが、湯元は岩手側の須川高原温泉。観光部と自炊部がある大規模な一軒宿だったが、現在は秋田側の栗駒山荘にも分湯したので、湯元の須川温泉は宿名を須川高原温泉と名乗ることになった。館内に男女別大浴場と露天風呂、館外にワイルドな男女別露天風呂があり、いずれも白濁する濃厚な成分を含む源泉がかけ流しだ。一方の栗駒山荘も眺望抜群の露天風呂が人気で、立ち寄り入浴を楽しむ観光客も多い。

須川温泉・須川高原温泉の大露天風呂

栗駒山　標高1626m

- ◆ コースタイム→須川温泉登山口から登り2時間・下り1時間30分　※地獄谷から昭和湖にかけては有毒の硫化水素ガスの発生情報に要注意
- ◆ 2万5千分1地形図／栗駒山

難易度 ★☆☆

須川温泉

須川高原温泉 ☎0191-23-9337◆泉質＝酸性・含硫黄・鉄(Ⅱ・Ⅲ)ーナトリウムー塩化物・硫酸塩泉◆源泉温度=51.0度(霊泉の湯)　5月初旬〜10月末日の営業◆鉄道／東北新幹線一ノ関駅からバス1時間30分、須川温泉下車すぐ◆車／東北自動車道一関ICから約1時間

天狗平から栗駒山への快適な尾根歩き。岩石や赤土が火山であることを実感させる

森吉山《もりよしざん》と杣《そま》温泉

標高1454mの森吉山山頂。鳥海山、秋田駒ヶ岳、田沢湖、日本海まで視界が届く

秋田県中央部にそびえる秀麗な山容の「花の名山」

秋田県中央部にそびえる森吉山は、かつては松前船が位置確認の目印にした山といわれ、秋田県民には「秋田山《あきたやま》」「向《むかい》岳《だけ》」とも呼ばれる「ふるさとの山」だ。長い間秘境の地そのもので、マタギの聖地といった趣があった。

筆者が初めてこの山域を訪ねたのはいまから40年余も前のことで、それも登山ではなく旅行ガイドブックの取材だった。山麓の温泉を訪ね、太平湖から林道を走って玉川方面へ抜けた思い出がある。その際に森吉山に迫る林道を走ったが、いまとなってはどこだったか判然としない。当時、ついに森吉

森吉山　標高1454m

- ◆ コースタイム→杣温泉から車で30分（秋田内陸縦貫鉄道阿仁前田温泉駅から予約制の乗合タクシーで30分、米内沢タクシー ☎0186-72-3212）、こめつが山荘から登り3時間・下り2時間30分
- ◆ 2万5千分の1地形図／太平湖・森吉山

難易度 ★★☆

杣温泉　そまおんせん

杣温泉旅館 ☎0186-76-2311 ◆ 泉質＝ナトリウム・カルシウムー塩化物・硫酸塩泉 ◆ 源泉温度=53.6度 ◆ 鉄道／秋田内陸縦貫鉄道阿仁前田温泉駅からタクシーで約20分（2名以上は予約により送迎あり）◆ 車／東北自動車十和田ICから約1時間30分

杣温泉・杣温泉旅館の混浴の露天風呂

山にも開発の波が押し寄せてきて、伐採されたブナの大木と切り株が累々と積み重なり、痛々しいまでの景観が広がっていたのを記憶している。

月日が流れ、現在の森吉山は「花の名山」として多くの登山者に愛される山となり、夏季も運行される阿仁《あに》ゴンドラを利用すれば、1時間半程度で山頂に立てる山となった。先年、乳頭山や秋田駒ヶ岳の山頂から森吉山のアスピーテ型*の秀麗な山容を眺めたとき、ここは必ず「温泉百名山」に入れようと決めていた。

訪ねた日が悪天候で、天候回復待ちの2日後、こめつが山荘から往復登山を敢行した。快晴の下、こめつが山荘前を5時に出発。最初はブナの林を行くが、一ノ腰付近から視界が開け、前方に森吉山の秀麗な姿が望めるようになる。ゴンドラ山頂駅からの登山道を合わせ、高山植物の多い稚児平《ちごだいら》を過ぎると、山頂は近い。

森吉山の登頂は8時。山頂には石仏などが安置され、山岳信仰の歴史を伝えている。快晴の山頂で10分休んだだけで下山し、こめつが山荘に10時35分に帰着。この日は秋田駒ヶ岳にも登る1日2座登頂を計画したので気忙しかったが、それでも高山植物の花や山頂からの眺望は素晴らしかった。次は東麓のヒバクラ岳新道登山口から登ってみたい。

（日本二百名山、19年7月3日登頂、単独行）

森吉山北麓に自噴する一軒宿の極上の湯

阿仁前田《あにまえだ》から小又川沿いに走り込むこと約20分の分岐から、さらに支流沿いを遡ると、まもなく杣温泉の一軒宿・杣温泉旅館に着く。国土地理院の地図には湯ノ沢温泉と記されているが、現在は杣姓にちなんで杣温泉を名乗っている。ご夫婦2人で切り盛りする秘湯の宿で、男女別内湯と混浴露天風呂には極上の源泉かけ流しの湯があふれる。主人が仕留めた熊やイワナなどの山の味覚も楽しみだ。

森吉山の秀麗な姿が初めて望める一ノ腰

山頂間近に広がる稚児平は高山植物の宝庫

＊アスピーテ型…火山噴火で形成された山の形で、アスピーテ型は楯を伏せたような形。

山頂部の自然研究路・見返峠からの眺望

ブナの樹海の中、静寂に包まれた長沼

八幡平《はちまんたい》と蒸ノ湯《ふけのゆ》温泉

閑静な湖沼と谷地をめぐる蒸ノ湯温泉から八幡平への道

八幡平の温泉とどの山を組むかで迷ったが、秋田八幡平ではもっとも古く、江戸時代にはすでに山道を歩いて訪れる湯治客で賑わっていたという蒸ノ湯温泉から八幡平山頂を目指すコースを選んだ。

蒸ノ湯温泉名物、噴煙上がる火山地形の中に設けられた男湯露天風呂の手前で左に折れ、対岸の混浴露天風呂の前を進むと登山道に入る。まもなく草原の湿地が広がる大谷地《おおやち》入口で右折し、大谷地の右端を歩いて長沼方面へ。この湿原では夏場にタチギボウシの花が見事だそうだが、歩いた季節は草紅葉の終盤である。ブナ林の中を歩くこと20分で、左手に長沼の静かな水面が現れた。ベンチには長沼までのハイキングを楽しんでいる模様の高齢夫婦がお弁当の包みを開いていたが、この日、八幡平山頂に着くまでの間、人影を見たのはこの2人だけだった。

ブシ谷地の小湿原を過ぎると、登山道は次第に尾根筋の急登になる。荒れ気味の山道を登るほどに、振り返ると視界に見事な樹海が広がった。林間を抜け出すとパッと草原が広がり、その向こうにたおやかな八幡平の頂上部が見えた。

緩やかな草原の中の道を行くと、突然、展望台が建つ八幡平の頂上に飛び出した。途端に、人が多くなる。ここはすっかり観光地である。山頂部を周遊する自然研究路で八幡沼や岩手山の眺めを楽しみつつ、八幡平頂上バス停が立つ秋田・岩手の県境部へと下った。

(日本百名山、18年10月13日登頂、単独行)

林間の登りを抜け出すと、草紅葉の向こうに八幡平のたおやかな山頂部が見えた

露天風呂が人気の秋田八幡平最古の湯

蒸ノ湯温泉は宝永年間（１７０４〜１１）の発見と伝わる古湯で、地熱を利用した「蒸《む》しの湯」として知られた。藩政時代から湯治客で大いに賑わい、最盛期にはオンドル式の湯治用宿舎が建ち並んで活況を呈したが、１９７３年に発生した地滑りでその宿舎は壊滅。現在の一軒宿・ふけの湯の旅館部だけが残ったという。風雪に耐え抜いたガッシリとした木造の建物で、館内には総ヒバ造りの内湯や露天風呂を備え、屋外には火山地形の中に男女別と混浴のワイルドな露天風呂がある。

八幡平　標高1613m

◆ コースタイム→蒸ノ湯温泉から長沼、八幡平山頂を経て県境の八幡平頂上バス停まで約3時間（八幡平から田代沼経由の登山道下山で蒸ノ湯温泉まで約2時間40分）
◆ 2万5千分1地形図／八幡平

難易度 ★☆☆

蒸ノ湯温泉

ふけの湯 ☎0186-31-2131 ◆ 泉質＝単純酸性泉 ◆ 源泉温度=66.5度　4月中旬～ 11月上旬の営業 ◆ 鉄道／秋田新幹線田沢湖駅からバス1時間42分、アスピーテライン入口下車または東北新幹線盛岡駅（東口）からバス1時間55分、八幡平山頂下車（各バス停から送迎車で20分、要予約）◆ 車／東北自動車道松尾八幡平ICから約50分

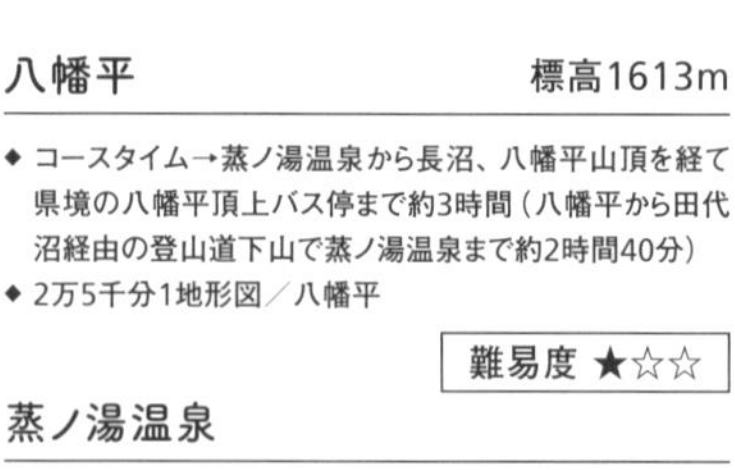

蒸ノ湯温泉・ふけの湯の露天風呂（男湯）

乳頭山《にゅうとうざん》と乳頭温泉郷《にゅうとうおんせんきょう》

秋田・岩手の県境に屹立《きつりつ》する岩峰

秋田・岩手県境に連なる秋田駒ヶ岳山群の北端にそびえるのが乳頭山だ。頂上部の独特の形状から、秋田県側からは乳頭山、岩手県側からは烏帽子岳と呼ばれ、国土地理院の地図では烏帽子岳を採用しているが、山頂の山名標識には烏帽子岳の名前はない。ここでは乳頭温泉郷をベースに秋田県側から登るので、当然のように乳頭山とした。

乳頭温泉郷からは、乳頭温泉バス停付近から登る蟹場《がにば》コー

鶴の湯温泉の混浴露天風呂は足元湧出の白濁の湯

乳頭山 標高1478m

◆ コースタイム→乳頭温泉バス停すぐの乳頭登山道入口から田代平経由で登り3時間10分・黒湯温泉経由で下り2時間10分（孫六温泉からだと登り2時間30分）
◆ 2万5千分1地形図／秋田駒ケ岳

難易度 ★★☆

乳頭温泉郷

鶴の湯温泉 ☎0187-46-2139 ◆ 泉質＝含硫黄ーナトリウムー塩化物・炭酸水素塩泉ほか ◆ 源泉温度=58.5度（白湯）ほか ◆ 鉄道／東北新幹線田沢湖駅からバス34分のアルパこまくさで送迎バス（要連絡）に乗り換えて15分 ◆ 車／東北自動車道盛岡ICから約1時間30分（登山口まで車で15分）

岩層が斜めに隆起したかのような印象の乳頭山の山頂から岩手山方面を眺望

山頂直下から見上げた険しい岩稜の乳頭山

田代平避難小屋前の池畔から見た乳頭山

ス、孫六《まごろく》温泉からの孫六コース、黒湯《くろゆ》温泉からの黒湯コースの3本の登山道がある。いずれのコースも歩いてみたが、もっとも変化に富む蟹場コースを登り、乳頭山からは黒湯温泉に下山する周遊コースを推奨しておきたい。

大釜《おおがま》温泉上で登山道に入ると、まもなく蟹場温泉からの道も合流。やがてブナの大木も目立つ急登になる。約1時間で尾根上に出て、右へ。ブナの美林を抜け出すと、初夏には天上の楽園となる田代平《たしろたい》。木道の両側にはヒナザクラ、イワカガミ、チングルマが咲き競う。孫六温泉からの道を合わせると田代平避難小屋があり、やがて笹や灌木の間を行く急勾配の道になる。黒湯温泉からの道と合流すると、最後の急登だ。尾根に出てから2時間強で、乳頭山に登頂。眺望は抜群で、北に岩手山、南には秋田駒ヶ岳と田沢湖、西には森吉山が遠望できた。

黒湯温泉へは急下降の連続で、足場もあまりよくない。沢沿いの樹林帯を下ると、まもなく一本松温泉跡で、野湯の手作り露天風呂がある。右手のガレ場に激しく噴煙を上げる妙乃湯《たえのゆ》や大釜温泉の泉源地帯を過ぎると、まもなく黒湯温泉の下に飛び出す。

（日本三百名山、18年10月15日再訪、単独行）

源泉の異なる7湯が点在する超人気の温泉郷

乳頭山の西麓、ブナ林の中にいずれも源泉が異なる1湯1施設（鶴の湯は別館もある）の7湯が点在する乳頭温泉郷。休暇村乳頭温泉郷、妙乃湯、大釜、蟹場は目の前にバス停があり、孫六と黒湯はバス停から徒歩15分ほど。バス道から外れた鶴の湯は田沢湖高原温泉で送迎バスに乗り換える。いずれも日帰り入浴可で、宿泊客には7湯をめぐる「湯めぐり号」も運行。乳頭山登山口に遠い鶴の湯からは、蟹場温泉まで約1時間15分の遊歩道や、乳頭山へ続く別の登山道もある。

泥《どろ》湯《ゆ》三《さん》山《ざん》と泥《どろ》湯《ゆ》温泉

標高以上の山深さと静寂が魅力の三山縦走

秋田県南部の秘湯、泥湯温泉を基点に小安《おやす》岳（１２９２ｍ）、高松岳（１３４８ｍ）、山伏岳（１３１５ｍ）の三座をめぐる周遊コースがある。筆者はこれを泥湯三山と呼び、以前から「温泉百名山」に加える計画を温めていた。

泥湯温泉の公共駐車場で雨音を聴きつつ仮眠し、５時前に起床すると、脇に同行する湯友&山友の柴田君愛用の赤のＢＭＷが停まっていた。１台を下山口の川原毛《かわらけ》地獄上の駐車スペースにデポ*し、小雨の中を7時過ぎに出発。

登山口からすぐに樹林帯に入り、まもなく泥湯温泉・奥山旅館の露天風呂に引湯する新湯源泉の下部を通過。９時頃から晴れる予報が当たり、やがて右手に高松岳から山伏岳の稜線が広がった。尾根筋に出て、左の登り坂のてっぺんが小安岳だ。一気に展望が開け、重なる山々の中では栗駒山がひときわ立派だった。

分岐に戻って、尾根を直進。高松岳への急登の先端は、立派な避難小屋が建つ三差路。縦走路から15分ほど離れた先端、小さな石祠《せきし》が祀られたピークが高松岳の山頂だ。正面に虎毛山、その右手奥には先年登った神室山が見える。

山伏岳からの眺望は正面に高松岳、小安岳ははるか彼方だ。山伏岳からの下りは樹林帯をひたすら下り、車道に飛び出したところが車のデポ地点だ。標高の割には山が深く、９時間かけての念願の三山縦走に感無量。最初から最後まで、２人だけで独占した孤高の山域だった。

（20年7月22日登頂、同行１名）

小さな石祠が祀られている高松岳の山頂

小安岳から望む高松岳（左）と山伏岳（右）

＊デポ…荷物を登山ルートの途中に置いておくこと。車やバイクなどを駐車しておく場合にも使う。

噴気に包まれる南秋田随一の秘湯

人里離れた山中、激しく上がる噴気に包まれた泥湯温泉は、文字どおりの秘湯の環境にある。現在残った宿は2軒のみ。不幸な火災で全焼し、２０１９年４月に和モダンの粋な湯宿に再建されたのが奥山旅館だ。風呂は男女別の内湯と外に混浴の露天風呂が２つある「天狗の湯」と、道路を挟んだ向かいに男女別の大露天風呂があり、それぞれ泉質の異なる源泉かけ流しの湯が堪能できる。もう１軒の小椋旅館も湯治宿風で、根強いファンを持つ。また、川原毛《かわらけ》地獄の下には野趣満点の野湯、川原毛大湯滝があるので、ぜひ足をのばしてみたい。

泥湯温泉・奥山旅館自慢の大露天風呂（男湯）

泥湯三山　標高1348m（高松岳）

◆ コースタイム→泥湯温泉登山口から高松岳まで登り5時間・高松岳から山伏岳経由で下り3時間30分
◆ 2万5千分1地形図／秋ノ宮

難易度 ★★★

泥湯温泉

奥山旅館 ☎0183-79-3021 ◆ 泉質＝酸性・鉄（II）－硫酸塩泉 ◆ 源泉温度=67.5度（天狗の湯）◆ 泉質＝単純温泉 ◆ 源泉温度=88.3度（新湯）◆ 鉄道／ JR奥羽本線湯沢駅から乗合タクシー「こまちシャトル」で約1時間5分（予約制、予約時に宿に依頼可）◆ 車／湯沢横手道路須川ICから約30分、東北自動車道古川ICから約2時間

三山の最終となる山伏岳の登りから高松岳を望む。左後方に遠ざかるのは小安岳

神室山《かむろさん》と鷹《たか》の湯《ゆ》温泉

神室山の山頂から前神室山へと続く稜線を眺望。一番奥のピークが前神室山

清流とブナと山岳展望に魅了される神の山

山名と、修験者の霊場という歴史に惹かれた。しかも「みちのくの小アルプス」と呼ばれる神室連峰の主峰で、登山口近くには秋の宮温泉郷がある。まさに「温泉百名山」選定には是非もない、条件の揃った山であるといえよう。

大役内川《おおやくないがわ》支流の西ノ又川沿いの林道を詰めたところが役内登山口で、沢沿いに詰める西ノ又コースと前《まえ》神室山を経由するパノラマコースが分かれる。ここは修験者の信仰の道だったという西ノ又コースを行く。吊橋を2本渡り、上流部の沢は飛び石伝いにそのまま詰めて、水場のある不動明王まで1

神室山　標高1365m

- コースタイム→鷹の湯温泉から車で約45分の役内登山口から西ノ又コース経由で登り4時間15分・前神室山コース経由で下り3時間15分　※役内登山口は国道108号→役内集落→車道終点の登山口まで約5km
- 2万5千分1地形図／秋ノ宮・羽後川井・神室山

難易度 ★★★

鷹の湯温泉

鷹の湯温泉 ☎0183-56-2141◆泉質＝ナトリウム－塩化物泉◆源泉温度=75.0度◆鉄道／JR奥羽本線横堀駅から乗合タクシーで約25分（湯沢タクシー ☎0183-73-2151に要予約）◆車／東北自動車道古川ICから約1時間30分

鷹の湯温泉の湯船が2つある混浴の半露天風呂

時間50分。あとから追いついた単独行の登山者に先行してもらい、胸突八丁坂《むなつきはっちょう》と呼ばれる急登を1時間50分かけて登り切ると、御田《おだ》の神。ここで一息つく。キヌガサソウの群落が知られるなだらかな斜面を登り、樹木のトンネル「窓くぐり」をくぐって尾根筋に出ると、ようやく神室山が見えた。

前神室山からの縦走路に合流する尾根に取りつき、左の尾根道へ。紅葉に彩られた稜線が神室山に続いている。その途中で、先行した単独行の登山者が早くも下山してきた。登山口から5時間かけて神室山に登頂。石祠が祀られた山頂には、山形県側から登って来たという若い登山者3名が寛いでいた。

下山は前神室山経由のパノラマコースを採った。前神室山までの尾根歩きは素晴らしい眺望が楽しめたが、アップダウンもあり、下りではけっこうバテた。結局、3時間コースを4時間15分もかかって役内登山口に帰り着いた。

神室山に登ってみて、東北の山の魅力を改めて知る思いだった。神室山は標高１４００ｍにも届かないが、この山深さ、懐の深さ、そして気高さはどうだろう。関東や甲信越の２０００ｍ峰をも凌ぐ圧倒的な存在感。「山高きをもって尊しとせず」ということか。

(日本二百名山、19年10月1日登頂、単独行)

役内川畔に湧く温泉三昧の一軒宿の秘湯

鷹の湯温泉は秋の宮温泉郷の1湯だが、役内川に面して建つ一軒宿の趣で秘湯感が漂う。奈良時代に高僧行基《ぎょうき》の発見と伝わり、１８８５(明治18)年開業の宿は温泉郷最古の歴史を誇る。充実の風呂は、館内に深さ１３０㎝の立湯もある混浴大浴場と女性専用内湯、さらに混浴と女性専用の半露天風呂を備え、河畔にも四季折々の入浴が魅力の混浴露天風呂があり、まさに温泉三昧の宿である。

尾根道から仰ぎ見た気高い山容の神室山

胸突八丁坂を登り切ると御田の神が迎える

鳥海山最高点の新山(左)と七高山(右)

九合目にかけての大雪渓(22年7月3日再訪)

鳥海山《ちょうかいざん》と猿倉《さるくら》温泉

〝秋田富士〟〝出羽富士〟とも呼ばれる容姿端麗な霊峰

鳥海山には2014年8月、日本海側の象潟《きさかた》コースから登頂していたが、山麓にめぼしい温泉がないので、当初は「温泉百名山」には選外としていた。そこに、たまたま鳥海山北東麓で開催する会合があり、「この機会に矢島口から鳥海山に登ってみませんか」と、由利本荘市地域おこし協力隊の小梛《おなぎ》美枝さんからお誘いを受けた。観光振興課の宮本一久氏も同行してくれるという。そこで、登山口近くの猿倉温泉と鳥海山を選定するべきか、登ってみることにした。

21年9月10日の登山は、途中から雨とガスが酷くなり、やむなく九合目氷の薬師で撤退。その4日後、小梛さんと、宮本氏の代わりに祓川《はらいかわ》山荘の管理人&登山ガイドの佐藤俊之氏のサポートでリベンジすることに。

五合目の矢島口駐車場を5時40分に出発。竜ヶ原湿原の先で祓川神社にお参りし、ここから本格的な登拝道に入る。いきなり林間の急登のザンゲ坂を抜け出し、正面に山頂部を望む六合目賽《さい》の河原から九合目の氷の薬師までの区間は、7月半ばまでは雪渓に埋まる岩ゴロゴロの谷間を行くが、雪解け後は高山植物のフラワーロードだ。九合目氷の薬師から七高山《しちこうさん》へ続く舎利坂は過酷な急登である。

七高山登頂は予定より2時間超の11時。鳥海山は新山《しんざん》誕生までは七高山が山頂で、一等三角点標石もここにあり、矢島口からの登拝者はいまでも七高山を厚く崇敬している。

(日本百名山、21年9月14日再訪、同行2名)

九合目氷の薬師から七高山へと続く舎利坂の急登。登るほどに大展望が広がってくる

鳥海山を正面に仰ぎ見る絶景露天風呂

猿倉温泉は１９３８（昭和13）年に石油探査中の試掘井から湧出したが、利用されたのは旧鳥海村が建設した国民宿舎鳥海荘に引湯した65年から。その後、旧鳥海町が新源泉を掘削し、現在は２号泉を鳥海荘に、３号泉をフォレスタ鳥海に配湯している。登山基地としてはリーズナブルな料金と鳥海山を眺望する露天風呂が魅力の休養宿泊施設・鳥海荘を推奨する。温泉は美肌の湯の持ち味は実感できるが、湯づかいには不満が残る。小さくていいので、源泉かけ流し湯船の増設を期待したい。

鳥海山　標高2236m

- コースタイム→猿倉温泉から車で30分の矢島口（祓川）登山口から登り4時間・下り3時間　※矢島口登山口にある祓川山荘（管理人がいる場合のみ有料、食事や寝具の提供なし）の照会は矢島総合支所産業課 ☎0184-55-4953
- 2万5千分1地形図／矢島・鳥海山

難易度 ★★★

猿倉温泉

休養宿泊施設 鳥海荘 ☎0184-58-2065 ◆ 泉質＝ナトリウム－塩化物・炭酸水素塩泉 ◆ 源泉温度＝45.5度 ◆ 鉄道／由利高原鉄道矢島駅から送迎バスで約20分（要予約）◆ 車／日本海東北自動車道本荘ICから約50分

猿倉温泉・休養宿泊施設 鳥海荘の絶景露天風呂

禿岳《かむろだけ》と鬼首温泉郷《おにこうべおんせんきょう》

ブナ林と山岳展望が魅力の入門コース

禿岳は、鳴子《なるこ》温泉郷の奥座敷である鬼首温泉郷から仰ぎ見る秀峰で、鬼首の人々の「ふるさとの山」だ。宮城・山形・秋田３県にまたがる鬼首カルデラ外輪山の最高峰であり、別名は小《こ》鏑山《かぶらやま》。標高は１２６１ｍとそれほど高くはないが、山頂部からの展望は素晴らしく、中腹のブナ林も見事。鬼首高原と山形県最上町を結ぶ車道の最高点、県境の花立峠《はなだてとうげ》からなら２時間程度で登れる手軽な山として親しまれている。

宮沢温泉・大新館の露天風呂（男湯）

禿岳　標高1261m

◆ コースタイム→宮沢温泉から車で20分の花立峠登山口から登り2時間・下り1時間30分　※花立峠には駐車スペース約10台、タクシー利用の場合は鳴子温泉駅から花立峠まで約30分

◆ 2万5千分1地形図／鬼首・向町

難易度 ★☆☆

鬼首温泉郷

宮沢温泉・大新館 ☎0229-86-2822 ◆ 泉質＝単純温泉 ◆ 源泉温度=83.8度（新良の湯）ほか ◆ 鉄道／JR陸羽東線鳴子温泉駅からバス25分、宮沢温泉下車徒歩1分 ◆ 車／東北自動車道古川ICから約1時間

登山道から見た禿岳の山頂部。正面のピークは九合目で、右手の残雪の山は栗駒山

6月初めの山頂直下には残雪もある

九合目の登りから最上町方面の眺望

禿岳には、前日の不忘山《ふぼうさん》に引き続き、湯友&山友の柴田君と酒井亜希子さんとの3人パーティとなった。鬼首で国道から山形県最上町方面へ向かい、峠道を走ること10分ほどで花立峠着。この日は日曜とあって、すでに峠の15台ほどの駐車スペースは満車。やむなく200mほどUターンして路肩に駐車した。

花立峠9時45分発。しばらくは見通しの良い快適な道で、やがてブナ林に入る。視界が開ける尾根道に出ると眼下に鬼首高原、その彼方に栗駒山が姿を見せた。禿岳山頂とおぼしきピークは祠の置かれた九合目で、さらに稜線を進むと残雪が現れ、山頂はその先だ。11時45分、珍しくコースタイムで登頂できた。

山名を記した立派な石標が立つ山頂部は、30人ほどのツアー客に占領されていた。しかも昼食休憩中なのは仕方がないとしても、引率するガイドが記念撮影のためのドローンまで飛ばし、騒々しいことこの上ない。静かな山頂での憩いは諦め、記念撮影もそこそこに山頂を辞し、残雪まで戻って昼食休憩とした。

花立峠には1時間15分かけてのんびりと下った。下山して鬼首温泉郷の1湯、宮沢温泉・大新館で一浴。コロナ禍のため、3軒ある湯宿でここだけが日帰り入浴を受け付けてくれた。

（21年6月6日登頂、同行2名）

水蒸気噴出の地熱地帯に小宿が点在する温泉郷

鬼首温泉郷は、鳴子温泉から北東に約13km、西に禿岳を望む高原に湧く温泉の総称。廃業した温泉も多く、現在残っている湯宿のある温泉は轟《とどろき》、宮沢、吹上と少し離れたリゾートタイプのホテルだけ。ほかに日帰り入浴施設や間欠泉の観覧施設などが点在する。宮沢温泉には湯治場の風情を残す宿が3軒あるが、あとは一軒宿。高温の自家源泉が特徴で、通常はどこでも日帰り入浴を受け付ける。

南屏風岳《みなみびょうぶだけ》と青根《あおね》温泉

宮城県の最高峰を凌ぐ南蔵王《ざおう》きっての秀峰

早朝7時前に蔵王エコーラインの刈田峠《かった》へ。ここで山形県在住の湯友&山友で、この山域のエキスパート酒井亜希子さんと待ち合わせることになっていた。土曜日ということもあって、駐車場はすでに満車。ようやく少し離れた路肩に駐車スペースを確保。そうこうしているうちに酒井さんも到着。コロナ禍の外出自粛ムードで車のナンバーは山形と宮城ばかり。気のせいか、冷たい視線を感じた。

目指すのは、南蔵王の主峰で宮城県最高峰、標高1825mの屏風岳だ。ガスの立ち込める中、8時に南蔵王登山口を出発。酒井さんは健脚で、常に50mほど先を軽快な足取りで先行する。追いつくのは早々に諦め、マイペースで歩く。屏風岳に10時55分登頂。しかし、山頂からの眺めは期待したほどではない。

天候が回復してきたので、その先の姿形の良い南屏風岳を目指すことにした。これが大正解で、南屏風岳までの道中が素晴らしく、稜線ではミネザクラが見ごろ。蔵王連峰や白石市街も俯瞰できた。屏風岳から45分で南屏風岳に登頂。南屏風岳のほうがより魅力的なので、「温泉百名山」にはこの山を選定した。

当初はハクサンイチゲが見ごろの不忘山にも足をのばすつもりでいたが、宿入りが遅くなりそうなので、不忘山を目前にする斜面で昼食にして引き返した。登山口には16時40分に帰着。ここから青根温泉までは車で30分。なんとか夕食前にひと風呂浴びることができた。

（20年6月6日登頂、同行1名）

南屏風岳の山頂付近から蔵王山方面の眺望

屏風岳を正面に望む休憩ポイントの芝草平

仙台藩主の御用湯だった由緒正しき湯

青根温泉は花房山中腹の清遊の地に開かれた古湯で、数軒の宿と共同浴場、商店などがこぢんまりとした温泉街を形成。近年は日帰り入浴施設を建設し、一棟貸しの宿や休業した旅館を改装したカフェ&入浴施設もオープンするなど、新しい風も吹いている。そんな中、ひときわ目を引く湯元不忘閣は、歴代藩主伊達家の保養所だった歴史を持ち、藩主の滞在した青根御殿も復元されて資料館として公開している国登録有形文化財の老舗宿。大湯、御殿湯、蔵湯、新湯などの男女交替制や貸切制の風情ある浴場を備え、温泉三昧の宿としても定評がある。

青根温泉・湯元不忘閣の看板風呂「大湯」

南屏風岳　　標高1810m

◆ コースタイム→青根温泉から車で30分の刈田峠（南蔵王登山口）から登り2時間50分・下り2時間20分　※ルート上には水場やトイレはないので携行必須
◆ 2万5千分1地形図／蔵王山

難易度 ★★☆

青根温泉

湯元不忘閣 ☎0224-87-2011 ◆ 泉質＝単純温泉 ◆ 源泉温度=49.8度 ◆ 鉄道／東北新幹線白石蔵王駅からバス52分のアクティブリゾーツ宮城蔵王下車（バス停から送迎車で約15分、要予約）◆ 車／山形自動車道宮城川崎ICから約15分、または東北自動車道白石ICから約40分

屏風岳から南屏風岳にかけて、6月上旬の稜線はミネザクラの花が美しく咲く

不忘山《ふぼうさん》と鎌先《かまさき》温泉

ハクサンイチゲ咲く不忘山の山頂から南蔵王の縦走路を眺望。奥のピークは南屏風岳

不忘山　標高1705m

- ◆ コースタイム→みやぎ蔵王白石スキー場の不忘山登山口から登り2時間40分・下り2時間　※東北新幹線白石蔵王駅からタクシーで約45分
- ◆ 2万5千分1地形図／蔵王山

難易度 ★☆☆

鎌先温泉

最上屋旅館 ☎0224-26-2131 ◆ 泉質＝ナトリウム－塩化物・硫酸塩泉 ◆ 源泉温度=36.1度 ◆ 鉄道／東北新幹線白石蔵王駅からタクシーで約15分 ◆ 車／東北自動車白石ICから約15分　※みやぎ蔵王白石スキー場の不忘山登山口まで車で約30分

鎌先温泉・最上屋旅館の内湯（男湯）

ハクサンイチゲ咲く南蔵王南端の名峰

南蔵王の南端にそびえる不忘山は、6月初旬にハクサンイチゲが咲き誇る山として花好きの登山者には人気の山だ。そして白石市民にとっての南蔵王の山は、市内からも一番目立つこの不忘山を指すようである。前年、刈田峠から南屏風岳まで登って不忘山を目前にしながら、時間切れで登頂を断念して引き返していた。今回はハクサンイチゲの咲く季節、ちょうど1年後のリベンジが叶ったというわけだ。

鎌先温泉の最上屋旅館に前泊。翌朝、朝食を弁当にしてもらい、温泉から車で約30分のみやぎ蔵王白石スキー場の登山口に向かう。ここで、湯友&山友の柴田君、酒井さんと待ち合わせていた。ほぼ同時に到着し、登山口を6時に出発。ゲレンデ下で南蔵王の主稜に向かう登山道を右に分け、我々は不忘山往復コースを選択した。

ゲレンデ内を行く登山道から林間の登坂に入り、湧出量の乏しい弘法清水を過ぎてひとしきり登ると、ようやく灌木帯となり、視界が開けた。やがて登山道脇にはひときわ多いハクサンイチゲをはじめ、オオカメノキ、トウゴクミツバツツジ、ミネザクラ、ミヤマキンバイ、ハクサンコザクラなどが咲き競い、見事なフラワーロードとなった。写真を撮りながらゆっくり登ったので、コースタイムよりも1時間15分も超過し、不忘山には9時55分に登頂。

山頂は360度のパノラマ台。目前に南屏風岳から屏風岳に続く南蔵王の主稜線、はるか残雪を輝かせて連なるのは飯豊《いいで》連峰だ。快晴の青空の下、この雄大な景色を満喫していたら、山頂での1時間は瞬く間に過ぎていた。不忘山からは南屏風岳を目指す登山者が多いが、我々は山頂を10時55分に辞して往路を引き返した。濡れた赤土が滑りやすく、難渋しながら時間をかけて下山し、登山口の駐車場には13時45分に帰着した。

（21年6月5日登頂、同行2名）

江戸時代から〝奥羽の薬湯〟と称された名湯

古くからの湯治場として知られる鎌先温泉は、開湯600年余の歴史を刻む名湯。不忘山麓の静かな山間にあり、現在4軒の湯宿が〝奥羽の薬湯〟の伝統を継承する。筆者が贔屓の最上屋旅館は江戸時代開業の純和風木造の老舗宿で、自炊湯治の伝統も残す。男女別内湯と貸切風呂で、鎌先温泉ではこの宿だけといわれる塩素投入なしの源泉かけ流し（適宜加温あり）の名湯が堪能できる。

不忘山までもうひとがんばりの最後の急登

不忘山の登りから白石市方面を俯瞰

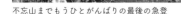

月山神社本宮の前から南西方面の眺望

佛生池小屋の上部から。右手には鳥海山

月山《がっさん》と湯《ゆ》田《た》川《がわ》温泉

出羽三山の盟主は雪と高山植物の「花の名山」

出羽三山は、羽黒山から月山に登り、奥院《おくのいん》の湯殿山《ゆどのさん》に登拝するのが王道とされた。年を経て、低山の羽黒山と湯殿山は観光化された感があるが、月山は違う。その素晴らしい展望と豊富な雪と高山植物の花は、名山の資格十分。しかも、南北の登山口からは2時間半程度で登頂できる、魅力満載の霊山である。

月山には２０１１年7月、鶴岡市在住の友人、本間道明君と登ったのが最初だ。彼は愛娘の病が快癒した御礼参り、筆者は東日本大震災で被災した方々への慰霊の思いと、自身の体調不良に対する平癒祈願も秘めていた。このときは絶不調で苦行登山となったが、案の定4ヶ月後に悪性リンパ腫との診断が下った。

次は15年10月、大学の部活の同僚たちとの懇親会と悪性リンパ腫からの生還御礼を兼ねた登山だったが、悪天候のため、佛生池《ぶっしょういけ》小屋で撤退した。

そして今回、夜間走行で8時前に八合目駐車場に到着。1時間ほど仮眠して出発は8時50分。とびきりの快晴で、登山道からは翌日登る予定の鳥海山がひときわ輝いて見えた。エゾオヤマリンドウやミヤマリンドウなど初秋の花や抜群の展望を愛でながら順調に登り、佛生池小屋を10時30分通過、山頂に鎮座する月山神社本宮には11時55分に着いた。山頂標識や一等三角点は神社の手前から登った岩場の山頂にある。ここで1時間も至福の時間を過ごし、復路も大展望を堪能しながらの下山となった。

(日本百名山、21年9月7日再訪、単独行)

山頂まであと約15分付近。木道が整備された登山道で、白装束の行者姿の人と出会った

庄内三名湯の中では最古の歴史ある名湯

月山北麓といえば庄内地方で、ここには湯田川・湯野浜・温海《あつみ》の庄内三名湯がある。登山口としては少し遠い感がしなくもないが、開湯1300年余の歴史を刻む湯田川温泉は、出羽三山詣での精進落としの湯としても賑わった歴史もあるから、その資格は十分だろう。筆者が泊まったつかさや旅館など8軒ほどの湯宿と2つの共同浴場が小温泉街を形成し、庄内藩主の保養地だった歴史を偲ばせる。なお、下山後に手っ取り早く汗を流したい人には、山麓にある休暇村羽黒温泉が便利だ。

月山　標高1984m

◆ コースタイム→月山八合目から登り2時間40分・下り2時間20分。月山八合目へはJR鶴岡駅からバス50分の休暇村羽黒から1時間10分（7/1 ～ 8/31の毎日と9月の土曜・休日運転）◆ 車／山形自動車道鶴岡ICから約1時間20分
◆ 2万5千分1地形図／月山

難易度 ★★☆

湯田川温泉

つかさや旅館 ☎0235-35-2301 ◆ 泉質＝ナトリウム・カルシウム－硫酸塩泉 ◆ 源泉温度=42.2度 ◆ 鉄道／ JR羽越本線鶴岡駅からバス25分の湯田川温泉下車 ◆ 車／山形自動車道鶴岡ICから約15分　※月山八合目まで車で約1時間30分

きれいな湯があふれる「つかさや旅館」の内湯

船形山《ふながたやま》と東根《ひがしね》温泉

ブナの樹海と山頂からの展望が魅力

コロナ禍に翻弄された2020年、緊急事態宣言の解除を見届け、6月から「温泉百名山」選定登山を再開した。

1座目は山形・宮城県境にそびえる船形山。大きな山塊の主峰で、山形側では御所山《ごしょざん》と呼ばれて信仰登山の対象となった山だが、なぜか山頂には船形山の標柱しかない。山形県側から登るので「温泉百名山」の趣旨からは御所山とするべきだが、山頂標示に御所山がないので、迷った末に船形山を採用した。

東根温泉・旅館さくら湯の風呂は源泉かけ流し

船形山　標高1500m

- コースタイム→東根温泉から車で約45分の柳沢口登山口（観音寺コース）から登り3時間30分・下り2時間50分
  ※登山口まで標識が出ないのでわかりにくいが、黒伏高原スノーパーク先の未舗装の林道終点に駐車場あり
- 2万5千分1地形図／船形山・楯岡

難易度 ★★☆

東根温泉

旅館さくら湯 ☎0237-42-0043 ◆ 泉質＝ナトリウム－塩化物・炭酸水素塩泉 ◆ 源泉温度=61.0度 ◆ 鉄道／JR奥羽本線東根駅から徒歩約20分（タクシー 5分）◆ 車／東北中央自動車道東根北ICから約6分

ミヤマキンバイ咲く船形山（御所山）山頂から登って来た東根方面の山並みを望む

避難小屋と山頂標柱が立つ山頂までもう一息

登山口から山頂直下まで続く美しいブナ林

ちなみに、流刑先の佐渡島から密かに脱出した順徳天皇がこの山に隠棲したことから御所山と呼ばれることになった、との伝承もある。

山形県側の登山口は、黒伏《くろぶし》高原スノーパークの奥にのびる未舗装路の終点だ。観音寺コースと呼ばれる登山道は、すぐにブナ林の中の緩やかな登坂に入り、約30分で白髪《しらが》山や最上カゴ方面への道が交差する粟畑。この先、ずっとブナ林の中で、展望は樹間から仙台カゴや船形山が散見できる程度だ。カゴとは特異な形をした岩峰のことで、怖いほどの静寂の中、ブナの新緑に抱かれている幸せを実感した。ただし、山頂直下だけは補助ロープも設置された荒れた路面の急登だ。

船形山からの眺望は素晴らしく、快晴なら月山や鳥海山、太平洋も望めるという。この日は遠望がきかなかったが、それでも深山の魅力は堪能できた。山頂の一角に鎮座しているはずの御所神社が見つからず、5年前に撮影された写真では確認できたのにと探し回ると、雪の重みで潰されたらしい緑色の屋根の一部を発見。これが水神を祀ったという御所神社なのか、と思いながら手を合わせた。この日、下山途中で宮城県側から登って来た単独行者に会っただけの、静かさが心に沁みる山行だった。

（日本二百名山、20年6月5日登頂、単独行）

東に船形山方面の山並みを望む田園の温泉

東根温泉は1910（明治43）年開湯の田園地帯に湧く温泉で、現在15軒ほどの旅館や日帰り入浴施設が温泉街を形成する。近くに自衛隊の駐屯地もあることから、往時は芸者さんも多数抱えた賑やかな温泉地だったが、いまは静かな保養温泉地の趣。共同源泉はかなり熱く、多くの宿は加水や循環ろ過をしているようだが、昭和レトロな雰囲気の旅館さくら湯は正真正銘の源泉かけ流しである。

蔵王山《ざおうさん》と蔵王《ざおう》温泉

車やロープウェイ利用で手軽に登れる蔵王連峰の主峰

蔵王山は、山形・宮城両県にまたがる南北30km に及ぶ連峰の総称。連峰は北蔵王、中央蔵王、南蔵王に三分するのが一般的だ。最高峰は中央蔵王の熊野岳だが、蔵王エコーラインと蔵王ハイラインの観光道路と蔵王温泉からのロープウェイの開通により、天気さえよければ誰でも気楽に登れる山となっている。

蔵王温泉から熊野岳を目指すことにしたが、蔵王ロープウェイで地蔵山頂駅まで一気に登ってしまっては安易なので、山麓線だけロープウェイを利用して樹氷高原駅から歩くことにした。まずは登山リフトを横目に、ゲレンデ内を登る。リフト終点がいろは沼入口で、ここから登山道らしくなる。観松平《かんしょうだいら》周遊路を右に見送り、直進したいろは沼からは、熊野岳が思いのほか遠く高く見えた。

地蔵岳から熊野岳に結ぶ稜線に取りつくまでの区間が、このコースのハイライトだ。熊野岳へとせり上がる峡谷の紅葉と熊野岳の山容が見事だった。稜線上のワサ小屋跡に出ると、途端に登山者の姿が多くなる。恐ろしい形相の姥神《うばがみ》石像に手を合わせ、熊野岳の斜面を直登する。蔵王山神社が鎮座する熊野岳の山頂部は砂礫の広場といった感じで、巨大な斎藤茂吉歌碑が目を引いている。

蔵王山のシンボル、御釜は見逃せない。熊野岳から往復40分程度だ。蔵王刈田山頂バス停発13時の1日1本だけの路線バスに間に合えば、御釜からそのままバス停まで歩くプランでもいい。

（日本百名山、19年10月6日再訪、単独行）

神秘の火口湖、御釜は蔵王山のシンボル

熊野岳直下の斜面は岩ゴロゴロの急登

酸性硫黄泉の湯力を誇る奥州三高湯の古湯

標高９００ｍにある蔵王温泉は、毎分６０００リットルもの自然湧出泉と抜群の療養効果で知られる酸性硫黄泉の名湯だ。開湯１９００年余の古湯だが、近年は樹氷とスキーの山岳リゾート温泉へと発展を遂げた。近代的な宿が目立つが、蔵王温泉の守護神の酢《す》川《かわ》温泉神社へ続く高湯通りを歩くと、下湯・上湯・川原湯の３つの共同浴場が残り、湯治場として栄えた歴史の重みが実感できる。蔵王温泉大露天風呂などの日帰り温泉施設も充実している。筆者の最近の定宿は、見晴らしの良い高台に建つ、多彩な風呂を揃えた最上高湯 善七乃湯だ。

酢川温泉神社の石段下にある上湯共同浴場

蔵王山　　標高1841m（熊野岳）

- ◆ コースタイム→樹氷高原駅からいろは沼、ワサ小屋跡、熊野岳コースで登り2時間30分・下り2時間　※熊野岳から御釜は往復40分、熊野岳から蔵王刈田山頂バス停まで約1時間（蔵王温泉行きバスは13時発の1本だけ）
- ◆ 2万5千分1地形図／蔵王山

難易度 ★☆☆

蔵王温泉

最上高湯 善七乃湯 ☎023-694-9422 ◆ 泉質＝酸性・含硫黄ー硫酸塩泉 ◆ 源泉温度=49.6度 ◆ 鉄道／山形新幹線山形駅からバス40分、蔵王温泉BT下車徒歩15分（バス停から送迎あり、要連絡）◆ 車／山形自動車道山形蔵王ICから約30分

いろは沼から稜線へ取りつく途中の登山道から見た、紅葉の峡谷の上にそびえる熊野岳

西《にし》吾妻《あづま》山《やま》と新《しん》高《たか》湯《ゆ》温泉

梵天岩の上から俯瞰したいろは沼池塘群と木道の縦走路。背後の山は東大巓方面

吾妻連峰の最高峰に続く湿原と岩山の逍遥

「日本百名山」の西吾妻山には2003年秋に登った。吾妻連峰最高峰となる山頂は、樹林の中で展望がなく、かなりガッカリさせられた思い出があるが、道中の梵天《ぼんてん》岩から眺めたいろは沼池塘《ちとう》群の風景は印象に残った。

今回の再訪は新高湯温泉に前泊。翌朝は宿の裏手の天元台に続く急登を約40分で天元台の登山リフト乗り場に到着。ここから登山リフトを30分かけて3基乗り継ぎ、終点の北望台が登山道入口だ。すぐ上の分岐で、左の人形石方面へ。稜線上の展望台、人形石からは西吾妻山方面に向かう。

西吾妻山　標高2035m

- ◆ コースタイム→新高湯温泉から天元台まで登り40分・下り30分。登山リフト終点の北望台から天狗岩経由で西吾妻山まで行き2時間・戻り1時間30分　※登山リフトの運行時間についての照会は天元台高原 ☎0238-55-2236
- ◆ 2万5千分1地形図／白布温泉・天元台・吾妻山

難易度 ★☆☆

新高湯温泉

吾妻屋旅館 ☎0238-55-2031 ◆ 泉質＝カルシウム－硫酸塩泉 ◆ 源泉温度=50.7度 ◆ 鉄道／山形新幹線米沢駅からバス40分の湯元前下車、徒歩20分（バス停から送迎あり、要連絡）◆ 車／東北中央自動車道米沢八幡原ICから約30分

新高湯温泉・吾妻屋旅館の「源流滝見風呂」

北望台からの道を合わせ、大凹《おおくぼ》と呼ばれる池塘《ちとう》が点在する湿原を貫く木道を下る。岩がゴロゴロした登りを抜け出すと、まもなくいろは沼池塘群の湿原が現れる。この湿原を俯瞰する岩場が梵天岩で、このコースきっての景勝地だ。ほとんどの登山者がここで一息入れ、弁当の包みを開く絶好の休憩ポイントになっている。この先でも累々と岩が重なる台地が現れるが、ここも休憩に好適の天狗岩だ。一角に石垣に囲われた吾妻神社が鎮座している。

天狗岩からは反時計回りに、周回ルートで西吾妻山に向かう。白布《しらぶ》温泉から直接登って来る登山道を合わせるとすぐに避難小屋の西吾妻小屋が現れ、その先で西大巓《にしだいてん》へ向かう縦走路を見送って左折。ひと登りした樹林に囲まれた小広場の西吾妻山に着く。標高2035mの山名指標がなければ山頂とは思えない景観だ。そのまま進み、いったん小湿原に下り、登り返すと天狗岩に戻る。

北望台のリフトの最終時間は16時なので、時間の許す限り、梵天岩で湿原と山の眺望を堪能し、帰途につく。大凹の上で人形石方向への道を分け、かもしか展望台から樹林帯の中を下れば、じきに北望台だ。天狗岩から北望台まで1時間10分の逍遥だった。

（日本百名山、18年10月9日再訪、単独行）

標高1126m（イイフロ）に建つ一軒宿の秘湯

新高湯温泉は、天元台ロープウェイ湯元駅からさらに約1㎞奥、白布温泉よりも高所の天元台中腹に湧き、遠く飯豊連峰が望める秘湯だ。開湯は江戸末期、一軒宿の吾妻屋旅館は1902（明治35）年の開業という。自然豊かな環境で、湯量も豊富。風呂は多彩で、木造の館内には男女別檜風呂と貸切風呂、屋外にはユニークな造りの混浴露天風呂（女性専用時間あり）が4ヶ所もある。

岩が累々と重なる天狗岩と吾妻神社

大凹の湿原に下る木道の先には西吾妻山

樹間越しに兵子の屹立した岩峰を望む

幹に打ち付けられた看板を目印に登る

兵子《ひょっこ》と姥湯《うばゆ》温泉

東吾妻連峰の主稜線から少し離れて屹立する秘峰

山形県米沢市南東の山中に湧く姥湯温泉は、すぐ近くまで車でも入れる秘湯らしい秘湯の代表格だ。大好きな温泉と湯宿なので40年余も前から何回も足を運んでいるが、道路状況は格段に良くなっても秘湯の環境は変わらない。

この温泉をラインナップに加えるには東大巓《ひがしだいてん》と組み合わせるのが一番魅力的だが、日帰りコースとしては少し厳しすぎる。かといって、以前に歩いた滑川《なめかわ》温泉から薬師森越えで姥湯に至るコースでは物足りない。迷っていたら、姥湯温泉・桝形屋《ますがたや》の館主遠藤哲也氏から「ちょっとマニアックだけど、兵子という眺望のいい隠れた名山があるよ」と教えてもらい、登ってみることにした。

姥湯の駐車場に下る手前、山の斜面にハシゴが掛かる場所があり、それが兵子への登山口だ。針葉樹も目立つ暗い林間の急坂をひたすら登る。目印は木の幹に打ち付けられた「28／50兵子⇕姥湯」などと記された黄色い看板だ。

樹林帯を抜け出したところが岩稜の兵子だが、山頂を示す指標も看板も何もない。その後、２０２１年10月に撮影された投稿写真には「兵子１８２３ｍ」と手書きの山頂表示板が写っていた。山頂は好展望台で、目前に烏帽子山から東大《ひがしだい》巓《てん》に続く稜線、磐梯山の一部と猪苗代湖、反対側には家形山《いえがたやま》から一切経山《いっさいきょうざん》、遠く飯豊連峰らしき山塊も見えた。兵子からさらに片道1時間弱の家形山まで足をのばし、〝魔女の瞳〟（五色沼）に再会した。

（18年10月18日登頂、単独行）

兵子の頂からニセ烏帽子山、烏帽子山、東大巓と続く吾妻連峰の主稜線を望む

標高1300mの秘境に自噴する極上湯

姥湯温泉は、国道13号の板谷口《いたやぐち》から約13km、山道のどん詰まりの峡谷に自然湧出する秘湯で、宿は一軒宿の桝形屋があるだけ。温泉は1533（天文2）年の発見で、現当主で18代目を数える古湯だ。宿の上部に設けられた混浴2つ（女性専用時間あり）と女性専用1つの露天風呂が圧巻。最上部の豪快な岩組みの湯船に白濁する湯が源泉かけ流しの「山姥《やまんば》の湯」は、背景の荒れた岩峰や立ち昇る噴気、夜は満天の星を仰ぎ見ながらの入浴が堪能でき、これぞ秘湯の醍醐味といった印象だ。

兵子　標高1823m

- コースタイム→姥湯温泉登山口から兵子まで登り2時間30分・下り1時間50分。兵子から家形山まで往復1時間50分　※兵子登山口は姥湯温泉の駐車場へ下る手前の峠状の場所でハシゴが目印。駐車スペースは数台
- 2万5千分1地形図／板谷・天元台・吾妻山

難易度 ★★☆

姥湯温泉

桝形屋 ☎090-7797-5934 ◆ 泉質＝酸性・含硫黄ー単純温泉 ◆ 源泉温度=51.0度 ◆ 鉄道／JR奥羽本線峠駅から送迎車（要予約）で約30分の駐車場から徒歩10分 ◆ 車／東北自動車道福島飯坂ICから駐車場まで約1時間

姥湯温泉・桝形屋の露天風呂「山姥の湯」

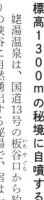

飯《いい》豊《で》連《れん》峰《ぽう》と飯《いい》豊《で》温泉

山ふところの深さと豪雪と花が彩る大山塊

飯豊連峰はとにかく懐が深く、山中１泊以上が不可欠。寝袋と食料、火器持参の自炊が必要なのでハードルが高い。登ったのは大学１年の１９６６年の秋、再訪は諦めていた。ところが、湯友&山友の柴田、鹿野両君に、「温泉若手の会」の新堂徒夢、永井宏武の両君、そして温泉&山大好き女優の久米田彩さんが紅一点、「行きましょう！」と手を挙げてくれた。この５名は私にとっては親子ほども年少の頼もしい精鋭揃いである。

飯豊温泉・登山口に建つ飯豊山荘の内湯（男湯）

飯豊連峰　　標高2105m（飯豊山）

- ◆ コースタイム→JR磐越西線野沢駅からデマンドバス（予約 ☎0241-48-1300）で約1時間の弥平四郎下車、徒歩約1時間の登山口から飯豊山まで登り11時間・下り9時間
- ◆ 2万5千分1地形図／大日岳・飯豊山

難易度 ★★★

飯豊温泉

飯豊山荘 ☎090-5234-5002◆泉質＝ナトリウム・カルシウム－塩化物・炭酸水素塩・硫酸塩泉◆源泉温度=51.5度　冬期休業◆鉄道／ JR米坂線小国駅からバス45分、飯豊梅花皮荘下車。ここから飯豊山荘まではバス11分（7・8月のみ運転）◆車／東北中央自動車道米沢北ICから約2時間

急登に耐えて稜線に取りつくと素晴らしい展望が待っていた。後方は最高峰の大日岳

飯豊山神社の先から飯豊山本峰へ導く尾根道

種蒔山から飯豊山本峰へと続く稜線を望む

1日目は、福島県西会津町の弥平四郎登山口から20分の避難小屋、祓川山荘泊。勝負の2日目は早朝4時に出発。ブナ林をひたすら登り詰め、稜線に取りつくと、最高峰の大日岳から飯豊本峰にかけての主稜を眺めながらの快適なルートになった。宿泊する飯豊切合《きりあわせ》小屋にはほぼ予定通りの正午着。天候は今日のほうがマシと判断し、本峰往復に13時に出発。往復5時間はかかるので、ギリギリだ。出発してすぐに雨と風が強くなる。途中2度登頂断念を考えたが、精鋭5名は意気軒昂《けんこう》。「ここまで来たからには登頂しましょう！」と叱咤激励される。

クサリ場の岩稜の御秘所をよじ登り、御前坂の急登をあえぎつつ、飯豊山神社と飯豊本山《ほんざん》小屋前を通過。ガスと風雨の中、ついに16時40分、飯豊山本峰に登頂。急いで記念写真を撮り、復路は転げるように引き返した。18時45分に帰還し、無事登頂の感謝と達成感の余韻に浸りつつ、自炊の一夜は楽しかった。

3日目。飯豊切合小屋を6時45分に出発し、弥平四郎登山口には14時10分に帰還。小野川温泉・やな川屋旅館へ移動する。米沢市在住の湯友、酒井さんの出迎えを受け、まずは美肌の湯で一浴。下山後の温泉ほどありがたいものはない、と改めて実感した。

（日本百名山、21年7月23～25日再訪、同行5名）

飯豊温泉……飯豊連峰の山形県側の登山基地に湧く山の湯

4日目に、飯豊連峰を縦走すれば下山口となる飯豊温泉を訪ねた。登山口に建つ飯豊山荘と手前にある飯豊梅花皮荘《かいらぎそう》に隣接する日帰り施設川入荘《かわいりそう》の風呂を堪能。次は飯豊連峰を縦走して飯豊山荘に下山したいと思っているが、実現できるかどうか。なお、飯豊連峰には北股岳から新発田市側へ下山すると湯の平温泉という素晴らしい山の湯があるのだが、残念ながら近年は入山禁止となっている。

一切経山《いっさいきょうざん》と高湯《たかゆ》温泉

火口壁の尾根に立つと、“魔女の瞳”(五色沼)と一切経山が視界に飛び込んでくる

〝魔女の瞳〟とたおやかな山容の一切経山

一切経山は吾妻連峰の東端にそびえる名山だが、磐梯吾妻スカイラインの開通で浄土平からなら1時間20分程度で簡単に山頂に立てる山になった。過去に2回登っているが、それだと安易すぎるので、ここではかつてはメインルートとして登られていた高湯温泉から五色沼経由で登るコースに注目した。その本来の登山道をたどれば、登り着いた尾根上から突然視界に飛び込む〝魔女の瞳〟と一切経山が見られるに違いない。このコースならではの景観のはずである。

高湯温泉の吾妻屋のすぐ上から登山道は始まる。ずっと樹

一切経山　標高1949m

- ◆ コースタイム→吾妻屋上の高湯温泉登山口から登り5時間・下り4時間　※高湯温泉から車で15分の不動沢登山口から登り4時間・下り3時間、磐梯吾妻スカイラインの浄土平から登り1時間20分・下り1時間
- ◆ 2万5千分1地形図／吾妻山・土湯温泉

難易度 ★★★

高湯温泉

吾妻屋 ☎024-591-1121 ◆ 泉質＝酸性・含硫黄ーカルシウム・アルミニウムー硫酸塩泉 ◆ 源泉温度=49.1度 ◆ 鉄道／東北新幹線福島駅からバス50分、高湯温泉下車すぐ ◆ 車／東北自動車道福島西ICから約30分

高湯温泉・吾妻屋の露天風呂「山翠」(男湯)

林帯を行き、途中で磐梯吾妻スカイラインを何度か横切るのは少し興醒めではある。1時間余で不動沢からの登山道との合流点に出た。静寂に包まれた樹林帯の道を歩く魅力はあるが、車の場合は不動沢スタートのほうが賢明のようだ。

不動沢からの道を合わせても、登山道はずっと樹林帯の中の登りが続く。ようやく周囲の山肌が見渡せる場所に登り着くと、目指す外輪山の尾根は目前。尾根に立つと、眼下に青い湖水をたたえた〝魔女の瞳〟五色沼が見えた。左に一切経山、右に家形山を望みながら、五色沼を回り込むかたちで登山道が一切経山へと導く。直下の急登を息せき切って登ると、砂礫が広がる一切経山の山頂だ。

途中、1人の登山者にも会わなかったが、一切経山の山頂は浄土平側から登って来た登山者で賑わっていた。みなさん、お目当ては〝魔女の瞳〟である。その中の1人に記念撮影のシャッターを切ってもらい、往路を引き返した。

下山後は、高湯温泉でいつもお世話になっている吾妻屋へ投宿。まずは極上の露天風呂で極上の乳白色の湯を堪能したあと、贅沢な料理とお酒をいただき、極上の夜を過ごした。

(日本三百名山、21年8月5日再訪、単独行)

すべての温泉施設で自然湧出源泉かけ流しの名湯

標高750m付近に湧出する高湯温泉は、かつて信夫《しのぶ》高湯と呼ばれ、山形県の白布高湯(白布温泉)、最上《もがみ》高湯(蔵王温泉)とともに〝奥州三高湯〟と称された名湯。その魅力は、毎分約3300リットルもの自然湧出泉で、乳白色に変化する自然流下の適温の湯がすべての温泉施設に源泉かけ流しで使用されていることだ。筆者の贔屓宿の吾妻屋は男女別内湯と露天風呂、貸切風呂4つの計8つの風呂がほぼ独泉《どくせん》できる贅沢さ。入浴だけなら共同浴場「あったか湯」もある。

登山者で賑わう砂礫広場の一切経山の山頂

五色沼畔を回って一切経山の急登を行く

露出した巨岩が展望台の箕輪山の山頂

箕輪山の登りから。鬼面山が低く見える

箕輪山《みのわやま》と新野地温泉《しんのじおんせん》

山頂からの展望が魅力の安達太良《あだたら》連峰の最高峰

安達太良連峰は那須火山帯に属する火山群で、北から南へ、鬼面山《きめんざん》、箕輪山、鉄山《てつざん》、安達太良山、和尚山《おしょうやま》と1700m前後の峰を連ねる。主峰の名誉は「日本百名山」安達太良山の知名度に譲るが、高さは箕輪山が最高峰である。

ようやく機会が訪れ、湯友&山友の柴田君と登ることになった。鬼面山は、颯爽と屹立する姿が実に印象的な山だ。登山口は野地温泉と新野地温泉からあり、2つの道はブナの美林を登り詰めた土湯峠《つちゆとうげ》で合流する。この峠路はかつて中通りから土湯温泉を経て、猪苗代湖や会津若松方面を結ぶ重要な街道だった。

土湯峠からしばらくは高原状の道で、まもなく鬼面山への急登になり、振り返ると吾妻連峰や磐梯山が一望できる。登山口から1時間半ほどで鬼面山に登頂。縦走路の先に、どっしりと構える箕輪山が待ち受けている。

鬼面山からいったん鞍部《あんぶ》*に下る。灌木の間の登り下りでは、雪解けや雨のあとはぬかるみになり、難渋しそうだ。山頂が近づくと視界が大きく開け、磐梯山がひときわ目を引く。鬼面山から1時間40分かけて箕輪山に登頂。山頂からの展望は大きく、縦走路の先に鉄山から安達太良山方面が見渡せた。

箕輪山からはそのまま縦走し、湯友3人と待ち合わせたくろがね小屋の温泉で一浴して奥岳温泉へ下るルートを選択。箕輪山から鉄山経由でくろがね小屋まで2時間20分かかった。

(19年9月28日登頂、同行1名)

＊鞍部…尾根上の中くぼみになった場所のことで、峠に当たることもある。馬などの鞍の意。

鬼面山から望む箕輪山。大容積の堂々たる山容の斜面は、秋は紅葉が染め上げる

激しい噴気と鬼面山を望む露天風呂が秀逸

土湯峠に点在するいずれも一軒宿の野地、新野地、赤湯、鷲倉を基点にできるが、何回か宿泊した新野地温泉・相模屋旅館をベースに選んだ。この宿は、露天風呂付近から上がる猛烈な噴気の向こうに鬼面山がよく見え、登高意欲をかきたてる。風呂は男女とも内湯+露天風呂の浴場が2ヶ所あり、鉄筋造りの宿に建て替える前の湯小屋の内湯と秘湯ムード満点の露天風呂を残しているのがいい。館内の風呂も木造りで、どの風呂でも白濁する源泉かけ流しの硫黄泉が堪能できる。

箕輪山　標高1728m

- ◆ コースタイム→新野地温泉から登り2時間30分・下り2時間　※縦走する場合、箕輪山から安達太良山まで2時間10分（くろがね小屋までも2時間10分）、安達太良山から奥岳温泉までゴンドラリフト利用で約1時間
- ◆ 2万5千分1地形図／土湯温泉・安達太良山

難易度 ★☆☆

◆新野地温泉

相模屋旅館 ☎0242-64-3624 ◆ 泉質＝単純硫黄泉 ◆ 源泉温度=83.5度 ◆ 鉄道／東北新幹線福島駅西口発14時30分の送迎バス（要予約）で約1時間 ◆ 車／東北自動車道福島西ICから約45分

新野地温泉・相模屋旅館の野趣豊かな露天風呂

安《あ》達《だ》太《た》良《ら》山《やま》と岳《だけ》温《おん》泉《せん》元《もと》湯《ゆ》

"ほんとの空"にそびえる安達太良連峰の盟主

安達太良連峰の最高峰は箕輪山だが、古くは『万葉集』に詠まれ、「日本百名山」にも選ばれている安達太良山に主峰の名誉が与えられている。それは安達太良山の知名度が抜群で、これほど親しまれている山も少ないからでもあろう。

安達太良山の名を全国に知らしめた功績は、高村光太郎の名作『智恵子抄』にあるといっていいだろう。「あれが阿多多羅山　あの光るのが阿武隈川」「阿多多羅山の山の上に出てゐる

岳温泉元湯・県営くろがね小屋の風呂（男湯）

安達太良山　標高1700m

- ◆ コースタイム→奥岳温泉からゴンドラリフトで10分の八合目から安達太良山まで登り1時間10分・下り安達太良山から岳温泉元湯経由で奥岳温泉まで2時間20分
- ◆ 2万5000の1地形図／安達太良山

難易度 ★☆☆

岳温泉元湯

県営くろがね小屋 ☎090-8780-0302 ◆ 泉質＝単純酸性泉 ◆ 源泉温度=56.7度 ◆ 鉄道／JR東北本線二本松駅からバス25分の岳温泉からシャトルバス奥岳便で20分、終点の奥岳温泉から徒歩約1時間30分 ◆ 車／東北自動車道二本松ICから奥岳温泉駐車場まで約30分

山頂直下の登り。岩と砂礫の上に突起した山頂が安達太良山の神秘性を物語る

石祠と八紘一宇碑が立つ安達太良山の山頂

馬の背から望む爆裂火口の沼ノ平と磐梯山

青い空が　智恵子のほんとの空だといふ」、このフレーズが多くの人の心を捉え、安達太良山に登る人の多くはこの一節を想起するはずである。

山自体は荒々しい岩峰を連ね、壮絶な爆裂火口の眺めに圧倒されるが、ゴンドラリフトを利用すれば意外に容易に登れる初級者向けの名峰である。

筆者は3回登っている。直近は２０１８年10月、山には登りたくないが温泉があれば行く、という湯友との混成隊（坂口裕之、柴田克哉・晶子夫妻、長尾祐美、野尻理恵の諸君と筆者の計6名）。したがって、興味は安達太良山登山は二の次で、下山途中にあるくろがね小屋の温泉入湯が主目的である。

それでも、天候に恵まれ、ゴンドラリフト山頂駅からすぐの薬師岳展望台から安達太良山の青い空を見上げて歓声を上げた。〝乳首山《ちくびやま》〟とも呼ばれる岩峰の山頂では写真を撮るのに夢中になり、馬の背から俯瞰《ふかん》した沼ノ平の壮絶な眺めには絶句。そして、鉄山分岐からの岩ゴロゴロの下りに難渋しながらも、ようやくたどり着いたくろがね小屋では極上の温泉を堪能し、安達太良山の魅力も満喫。みんな大満足で下山した。

（日本百名山、18年10月8日再訪、同行5名）

奥岳や岳温泉の泉源地の山小屋で体感する極上湯

岳温泉元湯は鉄山直下、標高１３４６ｍに湧く。湯川の最上流域にある数多くの泉源から豊富な湯量の温泉が自然湧出していて、通年営業の県営くろがね小屋に引かれ、さらに登山口の奥岳温泉、岳温泉に引湯されている。温泉は白濁する単純酸性泉で、男女別の木造りの浴槽に至近の泉源から新鮮な源泉が惜しげもなく注がれる。なお、２０２１年はコロナ禍の影響で日帰り入浴時間が10時30分〜13時（12時45分受付終了）に短縮されていた。事前に確認されたい。

磐梯山《ばんだいさん》と裏磐梯《うらばんだい》弥六沼《やろくぬま》温泉

表と裏で別の表情を見せる福島県民の「宝の山」

磐梯山は、福島県でもっとも有名な山、と言っても異存はないだろう。「会津磐梯山は宝の山よ」と謳われる美しい山容は、あちこちの街や山野から認めることができる。そして、その山の美しさを際立たせるのが表の猪苗代湖、裏の檜原《ひばら》湖や五色沼を中心とした湖沼群の存在だ。

この山には大学時代の部活の先輩10名を引率して、もっとも楽な八方台《はっぽうだい》登山口から登った。全員がアラ古稀の記念に、そして筆者にとっては登り残した「日本百名山」完登の一環でもあった。

八方台登山口からすぐ、美しいブナの森に入る。30分で中ノ湯。いまは廃墟になり、敷地内から湯だけが自噴している。この先、林間の急登になり、時折、眼下に裏磐梯の湖沼群や吾妻連峰が見える場所もある。傾斜の緩やかな灌木帯になると、やがてお花畑と直登コースの分岐点。どっちを歩いても2軒の山小屋が建つ弘法清水に至る。清水が湧く絶好の休憩地で、表磐梯からの登山道も合流する。中ノ湯から弘法清水まで1時間30分、さらに山頂まで30分だ。ちなみに、弘法清水は四合目。えぇっと思うが、磐梯山では山頂が五合目だ。

登るほどに、振り向くと裏磐梯の大展望。山頂からの展望はさらに素晴らしく、眼下に表磐梯の猪苗代湖を俯瞰《ふかん》し、吾妻、安達太良、飯豊の各連峰の大パノラマが広がっている。

（日本百名山、16年10月2日登頂、同行10名）

磐梯山の山頂は独立峰ならではの大展望台

ブナ林を抜けると磐梯山が姿を見せる中ノ湯

弥六沼越しに磐梯山を望む絶景露天風呂

磐梯山はどこの温泉と組ませるかで迷ったが、裏磐梯登山口コースに至近で、磐梯ゴールドライン沿いの八方台登山口にもっとも近い裏磐梯弥六沼温泉を選んだ。宿は、登山のベースとするには気後れするような立派なリゾートホテルの裏磐梯高原ホテルが1軒のみ。自家源泉の開湯は2009年と歴史は浅いが、磐梯山を眺望する展望露天風呂が秀逸だ。日帰り入浴は受け付けていないので、宿泊しないとこの贅沢の極みの入浴は体感できない。磐梯山からの大観を満喫したあとに宿泊すれば、セレブな気分に浸る特別な時間を実感させてくれるはずだ。

磐梯山を眺望する裏磐梯高原ホテルの露天風呂

磐梯山　標高1816m

◆ コースタイム→JR磐越西線猪苗代駅からタクシーで30分（車の場合は磐越自動車道磐梯河東ICから25分）の八方台登山口から登り2時間20分・下り1時間35分
◆ 2万5千分1地形図／磐梯山

難易度 ★☆☆

裏磐梯弥六沼温泉

裏磐梯高原ホテル ☎0241-32-2211 ◆ 泉質＝ナトリウム・カルシウム−塩化物泉 ◆ 源泉温度=69.5度 ◆ 鉄道／JR磐越西線猪苗代駅から送迎バスで約30分（前日までに要予約）◆ 車／八方台登山口まで磐越自動車道猪苗代磐梯高原ICから約30分（裏磐梯高原ホテルからは約15分）

弘法清水からの樹間を抜け出して振り返ると、裏磐梯の大展望が広がる

二等三角点標石が置かれた二岐山の男岳山頂から、那須方面の山岳風景を望む

二岐《ふたまた》山《やま》と二岐《ふたまた》温泉

会津南端のブナの林の上にそびえる双耳峰《そうじほう》

日光市今市《いまいち》と会津若松を結ぶ国道１２１号は、会津藩主の保科正之によって整備された会津西街道に沿っている。かつては参勤交代や物流のための重要な街道として機能した。筆者は美しい山河に魅力的な温泉が散在するこの道が好きでよく利用するが、会津田島の街を抜けると一休みする場所がある。それは、阿賀川の清流に架かる橋上で、その流れの奥に連なる深山風景を眺めるのを楽しみとしている。その中心が双耳峰の二岐山で、高いのが男岳《おだけ》、低いのが女岳《めだけ》だ。

会津の南端に位置する二岐山は、奥会津や南に接する甲《か》

二岐山　標高1544m

- ◆ コースタイム→二岐温泉から車で約10分（徒歩で約1時間10分）の御鍋神社登山口駐車場から二岐山（男岳）まで登り1時間50分・下り1時間20分
- ◆ 2万5千分1地形図／甲子山・湯野上

難易度 ★☆☆

二岐温泉

大丸あすなろ荘 ☎0248-84-2311◆泉質＝カルシウム－硫酸塩泉◆源泉温度=52.9度（10号泉岩風呂）ほか◆鉄道／東北新幹線白河駅からバス「湯ったりヤーコン号」（1日1便、要予約）で約1時間30分、JR東北本線須賀川駅からバス約2時間、二岐下車◆車／東北自動車道白河ICから約1時間

二岐温泉・大丸あすなろ荘の渓流露天風呂

子《し》、那須の山々の好展望台だ。山麓深くに名湯二岐温泉があるので何回も足を運んでいたが、二岐山に登る機会を得なかった。「温泉百名山」選定登山を目指さなかったら、あるいは縁のない山で終わったかもしれない。

男岳へ登る南側の登山口は二岐温泉から奥にのびる林道を約4㎞入ったところで、近くに平将門ゆかりの御鍋神社があるためか、広い駐車場もある。

登山道はアスナロやブナの林を行く。ブナの乱伐に対して地元の人たちが反対運動に立ち上がり、ようやく残されたというブナ林が美しい。するとまもなくガスが出始め、山頂直下の急登を経て登り着いた二岐山の山頂（男岳）は真っ白な世界……。目と鼻の先のはずの女岳でさえ見えない。これでは望む写真を撮ることはできない。やむなく下山し、翌日にもう一度登り返すことにした。

幸いにも翌日は快晴に恵まれ、この日は北側の女岳登山口から登頂したが、女岳への登山道は男岳よりも急峻《きゅうしゅん》だった。女岳の山頂も女岳から男岳へ続く尾根も樹木に囲まれてほぼ展望がないので、南側の登山口から男岳だけ登って下山する登山者が多いようだ。ちなみに、地図には雄岳・雌岳ともあるが、現地での表記は男岳・女岳だった。

（日本三百名山、18年10月21日再訪、単独行）

峡谷沿いに湯宿が点在する二岐山麓の秘湯

二岐温泉は、平将門一族の発見とか、病弱な嵯峨天皇のため薬湯を求めて京都からやって来た星三兄弟の発見とか、平安時代の温泉発見譚《はっけんたん》が伝わる古湯だ。つげ義春《よしはる》ファンなら名作『二岐渓谷』を思い浮かべるだろう。往時は二俣川の沢沿いに7軒の湯宿があったが、現在は老舗の大丸あすなろ荘など4軒のみ。いまでも瀬音に耳を傾けながら浸かる露天風呂の興趣は深く、秘湯の環境は健在だ。

会津田島から見た阿賀川と双耳峰の二岐山

登山道からしばらくはブナの林間を行く

俎嵓から望む尾瀬沼と上越方面の山並み

石祠が祀られた俎嵓から望む柴安嵓

燧《ひうち》ヶ《が》岳《たけ》と赤田代《あかたしろ》温泉

東北の最高峰から眺望する尾瀬国立公園の絶景

燧ヶ岳は、俎嵓《まないたぐら》と柴安嵓《しばやすぐら》の2峰を戴く双耳峰。尾瀬沼や尾瀬ヶ原から仰ぎ見る雄姿は、まさに尾瀬の盟主と呼ぶにふさわしい。何度か登っているが、2003年9月30日に早くも初雪に降られたことがある。さすがは東北の最高峰だ。

登頂ルートは4本あるが、ここでは路線バスが着く御池《みいけ》から登る御池・燧ヶ岳ルートを登り、見晴《みはらし》新道を下って赤田代で1泊。翌日は燧ヶ岳の北側中腹をトラバースする燧裏林道を経て御池に戻る周遊コースとした。

御池からのルートは、最初は石ゴロの林間コースだが、そこを抜けた一段上に広沢《ひろさわ》田代、もう一段上に熊沢《くまざわ》田代の両湿原が広がる。特に池塘をちりばめた美しい湿原の中を正面にそびえる秀麗な燧ヶ岳に向かって一筋の木道がのびる熊沢田代の景色は感動的だ。湿原の先でシラビソやダケカンバの樹林の中に入り、涸《か》れ沢の急登を経てハイマツ帯の露岩《ろがん》の登りになると、山頂は近い。

登り着いた岩峰は、石祠や三角点標石が置かれた標高2346mの俎嵓。眼下に尾瀬沼と尾瀬ヶ原、背後に至仏山がそびえる大観が広がる。俎嵓より10m高い最高点の柴安嵓へはいったん下って登り返す。

柴安嵓から見晴新道を急下降。下り切って尾瀬沼と尾瀬ヶ原を結ぶ段小屋坂に出たら右折。数棟の山小屋が建つ見晴十字路から尾瀬ヶ原の東端に敷設された平坦の木道を赤田代まで歩く。

（日本百名山、18年10月22日再訪、単独行）

御池から燧ヶ岳コースのハイライト、燧ヶ岳に向かって木道が貫く熊沢田代の景観

名勝尾瀬の山小屋で体感できる温泉力

赤田代温泉は尾瀬ヶ原の北東に位置する赤田代に湧く。温泉小屋と元湯山荘の2軒で利用しているが、元湯山荘は2022年も休業。温泉小屋は昭和初期創業の尾瀬の山小屋の老舗で、基本的に個室利用の本館と別館があり、おしゃれなテラスカフェが好評。タイル貼り浴槽を満たす温泉はカルシウム－硫酸塩泉で、冷鉱泉のため加温して利用するので、宿泊客が少人数の場合は男女交替制になる。石鹸やシャンプーは使用禁止で浸かるだけだが、それでも温泉のありがたさは十分に伝わる。

燧ヶ岳　標高2356m

◆ コースタイム→野岩鉄道会津高原尾瀬口駅からバス1時間50分の御池登山口から燧ヶ岳（柴安嵓）まで登り4時間・燧ヶ岳（柴安嵓）から赤田代温泉まで下り2時間40分
◆ 2万5千分1地形図／燧ヶ岳

難易度 ★★★

赤田代温泉

温泉小屋 ☎080-6601-3394◆泉質＝カルシウム－硫酸塩冷鉱泉◆源泉温度=23.6度　5月下旬～10月中旬の営業◆鉄道／野岩鉄道会津高原尾瀬口駅からバス1時間50分、御池下車（御池から燧裏林道経由で徒歩約3時間）◆車／東北自動車道西那須野塩原ICから御池駐車場まで約2時間30分

赤田代温泉・温泉小屋のタイル貼りの内湯

帝《たい》釈《しゃく》山《ざん》と湯《ゆ》ノ《の》花《はな》温泉

高層湿原と深い樹林と山頂の展望

最初に計画したのは２０２０年６月。早朝に着いたが、湯ノ花温泉から猿倉登山口へ通じる道路が10㎞ほど先で予想外の通行止、バリケード封鎖されていた。次に21年６月上旬に東北遠征の帰途に登ろうとしたが、まだ冬期閉鎖中（21年は６月12日に解除）だった。三度目の正直は、21年６月22日。東京を夜中にスタートし、夜明けに湯ノ花温泉を通過。さらに40分ほど走り込んだ猿倉登山口を６時30分に出発した。

湯ノ花温泉・熱い湯で知られる共同浴場石湯

帝釈山　　標高2060m

◆ コースタイム→湯ノ花温泉から車で40分の猿倉登山口から登り3時間10分・下り2時間30分（田代山湿原まで登り2時間・下り1時間20分）　※猿倉登山口までの道路状況の照会は南会津町舘岩観光センター ☎0241-64-5611へ

◆ 2万5千分1地形図／檜枝岐・湯ノ花・帝釈山

難易度 ★★☆

湯ノ花温泉

旅館末廣 ☎0241-78-2513 ◆ 泉質＝単純温泉 ◆ 源泉温度=52.0度 ◆ 鉄道／野岩鉄道会津高原尾瀬口駅からバス45分、湯の花温泉下車すぐ ◆ 車／東北自動車道西那須野塩原ICから約1時間30分

静かさに包まれる帝釈山の山頂。快晴なら日光連山や尾瀬の燧ヶ岳も見渡せる

静寂の針葉樹林帯を行く帝釈山への道

広大な高層湿原の田代山と彼方に会津駒ヶ岳

樹林帯の登坂を1時間ほどで抜け出すと、ヒメシャクナゲなどが可憐に咲く小湿原の小田代《おだしろ》。さらにひと登りすると、広々とした湿原に木道が敷かれた田代山湿原だ。ミニ尾瀬といった趣の湿原は、逆時計回りの一方通行になっている。田代山の山名指標は雪を戴いた会津駒ヶ岳を望む平地にある。湿原は一方通行の分岐点で終わり、そこから樹林帯に入る。すぐに弘法大師堂（避難小屋）やトイレがあるが、ここのほうが田代山の山頂に思えた。小休憩後、9時15分発。

帝釈山は、福島・栃木の県境に連なる帝釈山脈の主峰だ。田代山からは樹林帯の急坂をいったん鞍部まで下り、小刻みなアップダウンを繰り返しながら進む。山頂直下まで深い樹林帯で視界は開けないが、静寂が心に沁みる。山頂手前の急登でようやく視界が開けたが、残念ながらガスが上がってきた。

10時30分、帝釈山に登頂。遠望はきかなかったが、明るく開けた山頂で昼食休憩に40分を費やした。引き返して田代山の木道に戻ると、湧き上がる濃いガスに包まれ、視界は10mくらいになってしまった。猿倉登山口に14時15分帰着。

湯ノ花温泉に戻って、バス停近くの男女別弘法の湯と、渓流沿いにある混浴石湯の共同湯を堪能した。

（日本二百名山、21年6月22日登頂、単独行）

素朴な宿と共同浴場が迎える山里の高温の湯

鎌倉時代の開湯と伝わる湯ノ花温泉は、山に囲まれた湯ノ岐川沿いに高温の単純温泉が湧出。のどかな山村集落の中に旅館末廣など3軒と民宿6軒が散在している。共同浴場も4ヶ所（男女別2と混浴2）あり、外来客にも入浴料２００円で4ヶ所の風呂すべてに入れる寛大さには頭が下がる。源泉温度が高く、共同浴場石湯などは加水しないと熱くてとても入浴できないほどである。

関東

42〜58

42 那須岳と三斗小屋温泉
43 日留賀岳と中塩原温泉
44 高原山と奥塩原新湯温泉
45 温泉ヶ岳と加仁湯温泉
46 日光白根山と奥日光湯元温泉
47 男体山と中禅寺温泉
48 武尊山と上牧温泉
49 谷川岳と湯檜曽温泉
50 三国山と法師温泉
51 鼻曲山と霧積温泉
52 湯ノ丸山と鹿沢温泉
53 白砂山と尻焼温泉
54 稲包山と四万温泉
55 赤城山と赤城温泉
56 榛名山と伊香保温泉
57 三頭山と蛇の湯温泉
58 金時山と姥子温泉

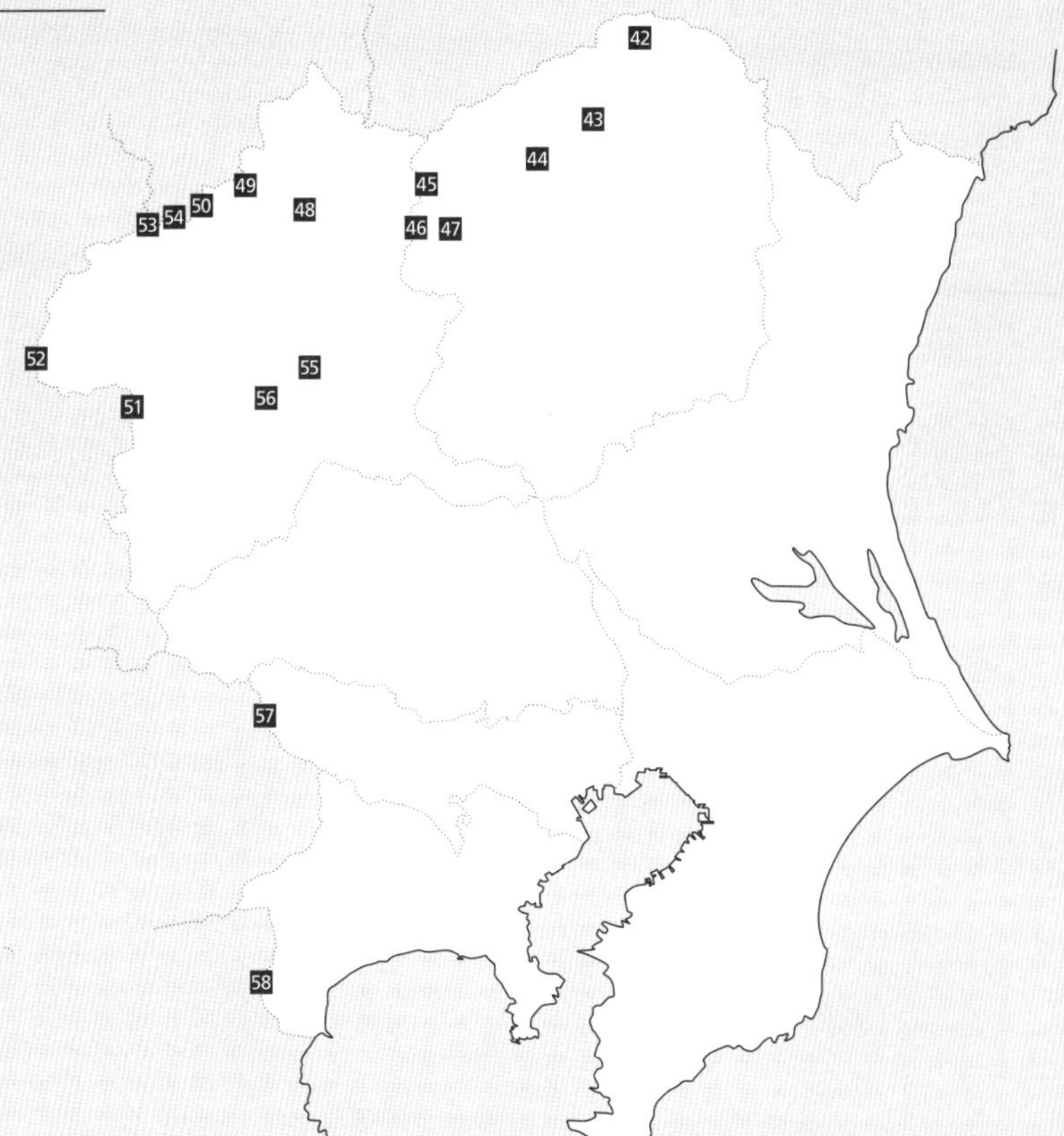

那須岳（茶臼岳）42

日留賀岳 43

温泉ヶ岳 45

日光白根山 46

男体山 47

武尊山（剣ヶ峰山）48

谷川岳（トマの耳）49

三国山 50

白砂山 53

赤城山 55

姥ヶ平へ下る道から仰ぎ見た噴煙を上げる茶臼岳。活火山の迫力を感じさせる景色だ

那《な》須《す》岳《だけ》と三《さん》斗《ど》小《ご》屋《や》温泉

噴煙を上げる茶臼岳《ちゃうすだけ》と山越えの秘湯

２０２１年６月は４～10日まで東北から北関東の「温泉百名山」選定登山を敢行した。最終日は南会津の田代山湿原と帝釈山に登る予定だったが、猿倉登山口へ通じる道路が未開通と判明。どうしたものかと思案していたら、湯友の池上光俊君から山に同行したいと連絡が入った。同意して、コースは急遽、那須岳主峰の茶臼岳経由で三斗小屋温泉を往復するプランに決めた。というのも、茶臼岳の再撮と、三斗小屋温泉の煙草屋旅館が日帰り入浴を受け付けているとの情報があり、真偽のほどを確認したかったからだ。

那須岳　標高1915m（茶臼岳）

- ◆ コースタイム→山麓駅前から峠の茶屋登山口経由で茶臼岳まで登り1時間40分・下り1時間20分
- ◆ 2万5千分1地形図／那須岳

難易度 ★☆☆

三斗小屋温泉

煙草屋旅館 ☎090-8589-2048 ◆ 大黒屋 ☎090-1045-4933 ◆ 泉質＝単純温泉 ◆ 源泉温度=93.0度（煙草屋旅館露天風呂）、50.9度（大黒屋大風呂）　ともに冬期休業（要確認）◆ 鉄道／ JR東北本線黒磯駅からバス1時間15分の山麓駅から徒歩2時間15分 ◆ 車／東北自動車道那須ICから約40分の峠の茶屋駐車場から徒歩2時間

三斗小屋温泉・煙草屋旅館の絶景露天風呂

那須岳は連峰の総称で、那須岳という山はない。最高峰は標高1917mの三本槍岳だが、盟主は2m低い茶臼岳だ。峠の茶屋駐車場を6時15分に出発。7時10分に峰の茶屋跡避難小屋に着き、10分休憩。お釜状の山頂部を反時計回りに登り、茶臼岳登頂は8時05分。天気は快晴、那須岳神社の石祠が祀られた山頂からは、那須連峰の主脈や那須野ヶ原の大パノラマが堪能できた。

峰の茶屋跡避難小屋に戻ったのが8時55分。そのまま三斗小屋温泉に向かうのも芸がないので、茶臼岳の山腹をトラバース。激しく噴気を上げる無間《むげん》地獄から牛ヶ首、姥ヶ平経由の遠回りコースを選択。この沢筋まで下って登り返すルートが意外にきつく、コロナ太りの池上君にはえらくこたえたようだ。

11時35分、三斗小屋温泉着。2軒の宿とも久しく「日帰り入浴不可」だったが、今期は煙草屋旅館だけが日帰り入浴を受け付けているとの情報は正しく、無事に絶景露天風呂に入浴することができて、至福の時間を過ごした。

12時45分に帰路につく。入浴したせいか、池上君の足取りがやけに重い。14時45分にようやく峰の茶屋跡避難小屋に帰着。それでも、ここから峠の茶屋駐車場に40分で下ったから上出来だ。（日本百名山、21年6月9日再訪、同行1名）

登山で汗を流した者だけが享受できるご褒美の湯

三斗小屋温泉は、朝日岳北西中腹の標高1480m付近に湧く、歩かないと行けない秘湯。温泉は平安後期の発見と伝わる。江戸時代は会津中街道の宿場で、戊辰《ぼしん》戦争時には焼き打ちにあっている。現在は旅籠風老舗の大黒屋と山小屋スタイルの煙草屋旅館の2軒の湯宿がある。煙草屋旅館が日帰り入浴を受け付けているのは朗報だが、ここは泊まってランプの宿の風情を味わいたいところだ。

那須岳神社の石祠が祀られた茶臼岳山頂

峰の茶屋跡避難小屋から茶臼岳を目指す

山頂下の登りから塩原の街と高原山を一望

ブナなどの広葉樹が美しい尾根を歩く

日留賀岳《ひるがたけ》と中塩原《なかしおばら》温泉

森林美と山頂からの大展望が魅了する秘峰

2021年1月に左膝を手術してリハビリに4ヶ月半を費やした後、本格的な登山復帰の山に選んだのは、栃木県塩原温泉郷の北に連なる男鹿山塊の秘峰、日留賀岳である。古くから塩原の人々の崇敬を集めてきた山だが、知名度が低いのは登山道が1本しかなく、往復コースしかないのが理由かもしれない。

実はこの山、前年に雄阿寒岳にご一緒した中塩原温泉・赤沢温泉旅館の館主遠藤氏と、次に一緒に登る約束をしていた。中塩原温泉にとっては神の山のような存在なので、ここはぜひ登っておきたいと遠藤氏も切望していた。

中塩原温泉から4kmほど山あいの白戸《しらど》地区、小山邸脇が登山口だ。5時に出発し、樹林帯を1時間ほど登ると林道に出て、約30分先の行き止まりから再び登山道に入る。登るにしたがい、樹間越しに残雪輝く会津駒ヶ岳、頂上直下の急登からは背後に高原山、建設途中で放棄された塩那《えんな》スカイラインの残骸も見えた。

10時20分、日留賀岳に登頂。数度の休憩を入れて5時間20分かかった。快晴の山頂は文字通り360度の展望台。会津駒ヶ岳、燧ヶ岳、日光白根山、男体山《なんたいさん》など日本百名山も確認でき、遠藤氏も期待以上だと感嘆の声しきり。この山が、日本三百名山にも選ばれていないのは不当な評価だと思った。山頂で昼食を含めて1時間余り過ごしてから下山開始。登山口には4時間弱で帰還。復帰戦としては上々の山行となった。

（21年5月28日登頂、同行1名）

立派な石祠の日留賀嶽神社と二等三角点標石がある展望抜群の日賀賀岳山頂

近くに木の葉化石園もある保養温泉

中塩原温泉は塩原温泉郷の1湯で、日留賀岳を遠望する箒《ほうき》川《がわ》左岸に数軒の宿が散在する。筆者の定宿の赤沢温泉旅館は脱サラした遠藤氏夫妻が各地の候補地を回り、休業していたこの宿に白羽の矢を立てて再興した温泉宿だ。話題のグランピングが露天風呂前に設置されたので、開放的だった露天風呂に目隠しの塀が設置されたが、木造りの大きな内湯や貸切露天風呂で、加温かけ流しの良泉が満喫できる。アイデアマンの遠藤氏が仕掛ける再生プランや3匹の看板猫の出迎えも話題の宿だ。

日留賀岳　標高1849m

- ◆ コースタイム→中塩原温泉から車で10分の日留賀岳登山口（白戸地区の小山邸脇、車の場合は一言お断りを）から登り4時間30分・下り3時間30分
- ◆ 2万5千分1地形図／塩原・日留賀岳

難易度 ★★★

中塩原温泉

赤沢温泉旅館 ☎0287-46-5700 ◆ 泉質＝ナトリウム・カルシウム－塩化物泉 ◆ 源泉温度=43.9度 ◆ 鉄道／東北新幹線那須塩原駅からバス約1時間10分、塩原温泉下車徒歩15分（バス停から送迎あり、要連絡）◆ 車／東北自動車道西那須野塩原ICから約40分

中塩原温泉・赤沢温泉旅館の露天風呂（男湯）

高原山《たかはらやま》と奥塩原新湯《おくしおばらあらゆ》温泉

霊峰の鶏頂山から最高峰の釈迦ヶ岳へ

高原山は、日光連山の北方、標高１７９５ｍの釈迦ヶ岳を最高峰に鶏頂山《けいちょうざん》、西平岳、剣ヶ峰などの諸峰で形成される山塊の総称で、高原山という名の山はない。登山口は何ヶ所かあるが、アプローチしやすいのは鬼怒川温泉と塩原温泉郷を結ぶ日《にち》塩《えん》もみじライン沿いにある西口登山口から。最短の登山拠点は奥塩原新湯温泉で、西口登山口まで車で20分ほどだ。２０２０年７月に一度登ったが、天候がイマイチだったので再訪した。

奥塩原新湯温泉・湯荘白樺の内湯（男湯）

高原山　標高1795m（釈迦ヶ岳）

◆ コースタイム→塩原温泉からタクシーで約35分の日塩もみじライン沿いの西口登山口から鶏頂山経由釈迦ヶ岳まで登り2時間40分・釈迦ヶ岳から周回コース経由で西口登山口まで2時間
◆ 2万5千分1地形図／川治・高原山

難易度 ★☆☆

奥塩原新湯温泉

湯荘白樺 ☎0287-32-2565 ◆ 泉質＝単純酸性硫黄泉 ◆ 源泉温度=68.0度 ◆ 鉄道／東北新幹線那須塩原駅からバス約1時間10分、塩原温泉下車（バス停から送迎車で約15分、要予約）◆ 車／東北自動車道西那須野塩原ICから約40分　※高原山登山口まで車で約20分

巨大な石造釈迦如来坐像、一等三角点標石、高原山神社の小祠などがある釈迦ヶ岳山頂

釈迦ヶ岳への途中から振り返り見た鶏頂山

鶏頂山の山頂からの展望。左端が釈迦ヶ岳

西口登山口の鳥居をくぐって樹林帯を登って行くと、やがて左手に廃墟となった鶏頂山荘が見えてくる。草茫々のゲレンデ跡を最上部まで登り、針葉樹林帯の中へ。小石ゴロゴロの暗い道を抜け出すと、鶏頂山と釈迦ヶ岳への道が分岐する弁天沼だ。まずは鶏頂山へ。すぐ右手に唯一の水場「お助け水」があり、そこから急坂を詰めて鶏頂山から張り出す尾根に取りつく。尾根を急登すると、立派な鶏頂山神社が建つ鶏頂山の山頂だ。社殿の先が展望広場になっており、正面に釈迦ヶ岳、中岳、西平岳の三座が連なり、東方には日光連山が望める。

先ほどの尾根の分岐まで戻って鞍部へ下り、そこから御岳《おんたけ》と呼ばれる小ピークを越えていったん下ると、あとはけっこうな急登が釈迦ヶ岳の山頂まで続く。左から剣ヶ峰方面からの道を合わせると、山頂はもう一息だ。

登り着いた釈迦ヶ岳は高原山の最高峰。山頂部は広場になっていて、一等三角点標石、高原山神社の小祠《しょうし》、そして驚くほど大きな石造釈迦如来坐像が鎮座している。背後に鶏頂山、那須連峰や遠く飯豊連峰まで視界が届くというが、そこまでの展望は得られなかった。鞍部まで戻り、そこから弁天沼に周回するコースを下り、往路を戻った。

（日本三百名山、21年7月22日再訪、単独行）

噴気立ち昇る塩原温泉郷最奥の高所温泉

1659（万治2）年の大地震による土石流で元湯温泉が壊滅したあと、元湯の人々が移転して開いたのが奥塩原新湯温泉だ。新湯爆裂火口跡からの噴気が立ち昇る山肌を背に、現在4軒の湯宿がある。登山者向きで、2人以上で泊まると格安と好評なのが、泉源地に隣接する湯荘白樺。木造りの男女別内湯と混浴の露天風呂（女性専用時間あり）で、新鮮な白濁の硫黄泉が堪能できる。

温《ゆ》泉《せん》ヶ《が》岳《たけ》と加《か》仁《に》湯《ゆ》温泉

温泉ファンなら一度は登っておきたい山名の秘峰

温泉ヶ岳は栃木・群馬県境に連なる1峰で、まるで「温泉百名山」のために存在するかのような山名である。金精《こんせい》峠から温泉ヶ岳、根《ね》名草《なくさ》山を越えて奥鬼怒温泉郷へと至る魅力的な登山ルートがあり、筆者の初訪は２００３年6月、再訪は09年9月に当時は若旦那だった加仁湯《かにゆ》の小松輝久氏、若女将だった奥日光湯元温泉・紫雲荘の福田朋子さんと3人で、そして3度目は湯友&山友の柴田、鹿野両君との21年の歩き納めの山として登った。

登山口から稜線の金精峠までは急登の連続。前日降った雪が残り、柴田君の用意してくれた軽アイゼンを装着。これが大いに効力を発揮してくれた。金精峠からの登りでは、新雪を戴いた日光白根山、湯ノ湖と男体山が絶景だった。

温泉ヶ岳は縦走路から往復約30分のピストンだ。山頂からは新雪に輝く山々の眺めが神々しいほど美しかった。念仏平避難小屋の前で朝食を摂り、暖かい日差しの下でしばし休憩。次のポイントは根名草山だ。山頂の下りから鬼怒沼湿原と燧ヶ岳の眺めが素晴らしかった。樹林帯をトラバース気味に下り、最後は尾根の急下降になる。特に手白沢《てしろさわ》温泉分岐からの激下りは辛《つら》く、日光沢温泉の赤い屋根が見えると力が抜けた。日光沢温泉から加仁湯温泉までは徒歩10分弱だ。

宿に着くと、翌日に車をデポした奥日光湯元温泉まで送る役目を任された湯友の池上君が出迎えてくれた。

（21年11月13日再訪、同行2名）

根名草山から望む鬼怒沼湿原と燧ヶ岳

上越方面の視界が開ける温泉ヶ岳山頂

鬼怒川源流部に湧く設備充実の一軒宿の名湯

鬼怒川源流部には上流から手白沢、日光沢、加仁湯、八丁湯という個性的な一軒宿の温泉が湧き、秘湯感満点の奥鬼怒4湯と呼ばれている。加仁湯と八丁湯は路線バス終点の女夫淵《めおとぶち》から送迎バスを運行しているが、手白沢と日光沢は送迎しないので歩いて行くしかない。どの温泉を選ぶかはお好み次第だが、筆者の定宿は古くから何度も足を運んでいる加仁湯だ。源泉5本を有し、風呂は男女別内湯のほか、露天風呂が混浴3、女性専用1、貸切3と充実。まさに温泉三昧の宿だが、鹿肉やサンショウウオ、運がよければ熊肉などの珍味も味わえる。

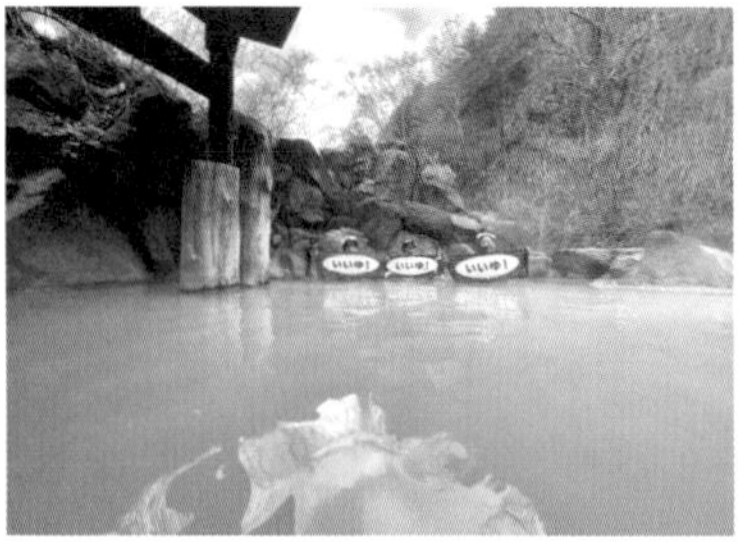

奥鬼怒温泉ホテル加仁湯の混浴露天風呂

温泉ヶ岳　標高2333m

- ◆ コースタイム→湯元温泉からバス10分の金精トンネル駐車場から温泉ヶ岳まで2時間、さらに根名草山を経て加仁湯温泉まで4時間
- ◆ 2万5千分1地形図／男体山・川俣温泉

難易度 ★★☆

加仁湯温泉

奥鬼怒温泉ホテル加仁湯 ☎0288-96-0311 ◆ 泉質＝含硫黄－ナトリウム－塩化物・炭酸水素塩泉 ◆ 源泉温度=46.5度（黄金の湯）ほか ◆ 鉄道／東武鬼怒川温泉駅からバス1時間35分の女夫淵から送迎バス（要予約）で20分 ◆ 車／日光宇都宮道路今市ICから女夫淵の公共駐車場まで約1時間30分

新雪に輝く金精峠から温泉ヶ岳に続く登山道から、日光白根山方面の山々を望む

日光白根山《にっこうしらねさん》と奥日光湯元《おくにっこうゆもと》温泉

日光白根山の山頂から燧ヶ岳方面の眺望。眼下にはコバルトブルーの弥陀ヶ池が広がる

日光白根山　標高2578m

- ◆ コースタイム→湯元温泉からバス約40分の日光白根山ロープウェー下車。山麓駅から15分の丸沼高原ゴンドラ山頂駅から登り2時間・下り1時間20分（日光白根山から前白根山経由で奥日光湯元温泉まで3時間30分、難易度★★）
- ◆ 2万5千分1地形図／男体山・丸沼

難易度 ★☆☆

奥日光湯元温泉

紫雲荘 ☎0288-62-2528 ◆ 泉質＝含硫黄ーカルシウム・ナトリウムー硫酸塩・炭酸水素塩泉 ◆ 源泉温度=74.1度 ◆ 鉄道／JR日光線・東武日光線日光駅からバス1時間26分、湯元温泉下車徒歩2分 ◆ 車／日光宇都宮道路清滝ICから約45分

奥日光湯元温泉・紫雲荘の貸切露天風呂

ゴンドラの威力発揮で容易に登れる百名山

日光白根山は標高２５７８ｍ、関東以北の最高峰である。栃木・群馬県境にそびえ、群馬県側では奥白根山と呼ぶが、栃木県側の呼称である日光白根山が一般化している。

２００３年初夏の単独行の際は、日光白根山から五色沼、前白根山を経て湯元スキー場へ下山したが、今回は奥日光湯元温泉から丸沼高原へ行き、ゴンドラ山頂駅を基点とする周遊コースだ。メンバーは湯友＆山友の鹿野君、柴田君夫妻とその友人仲田さんの５人パーティ。土曜に奥日光湯元温泉に１泊し、土曜か日曜の好天のほうに登る作戦である。

土曜の早朝に丸沼高原の駐車場で待ち合わせたが、ガスと雨になってしまったため、この日の登頂は断念。奥日光湯元温泉・紫雲荘に集結して白濁の硫黄泉を満喫したあと、翌日の晴天祈願と称して小宴を張った。

翌日は期待以上の快晴となり、一気にテンションが上がる。ゴンドラ山頂駅は標高2000m、山頂までの高度差は578mしかない。最初は樹林帯の中を行き、ハクサンシャクナゲ群落がある急登を抜け出すと森林限界を越え、一気に視界が開ける。砂礫の斜面をジグザグに登り、岩峰が迫るカール状の凹地《くぼち》を詰めて尾根上へ。周囲は大小の火口跡が広がる複雑な地形だ。尾根をひと登りすると石祠が祀られた小ピーク。日光白根山の最高点は目の前にそびえる岩稜上で、いったん下って登り返す。山頂からは360度の大パノラマ。男体山を間近に、皇海《すかい》山《さん》、武尊山《ほたかやま》、至仏山、燧ヶ岳、会津駒ヶ岳など「日本百名山」の名峰を眺望。弥陀ヶ池を俯瞰する展望地で弁当を広げ、時間を忘れて眺望を楽しんだ。

復路は北側の座禅山方面へ下山するコースをとったが、思いのほか時間がかかり、ゴンドラ最終便の1本前の便にやっと間に合った。快晴に恵まれた、素晴らしい山行だった。

（日本百名山、20年7月19日再訪、同行4名）

開湯1200年超の自噴する白濁の硫黄泉

男体山を開山した勝道上人が788（延暦7）年に発見したと伝わる古湯。本来は湯元温泉だが、地元では奥日光湯元温泉と呼ぶ例が目立つので、ここではその呼称を採用した。大型旅館の多くが課外学習の児童に占められ、一般客が泊まりにくい傾向にあるが、筆者贔屓の紫雲荘は個人客主体の小さな宿。いまも現役山ガールの女将いわく、キャッチフレーズは「美人三姉妹経営の宿」だそうな。

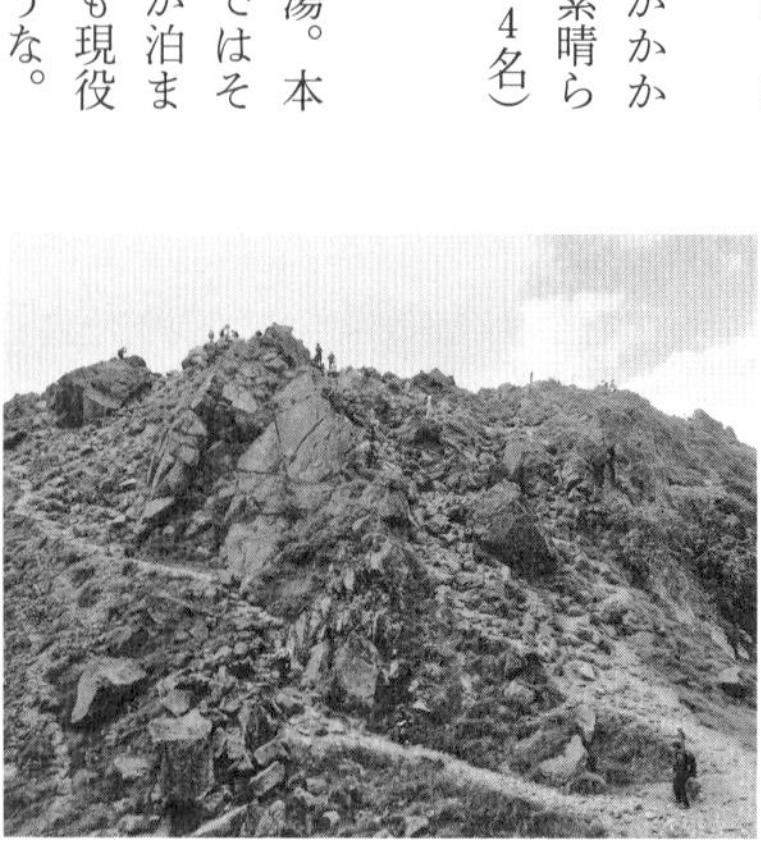
日光白根山の山頂は荒々しい岩稜のピーク

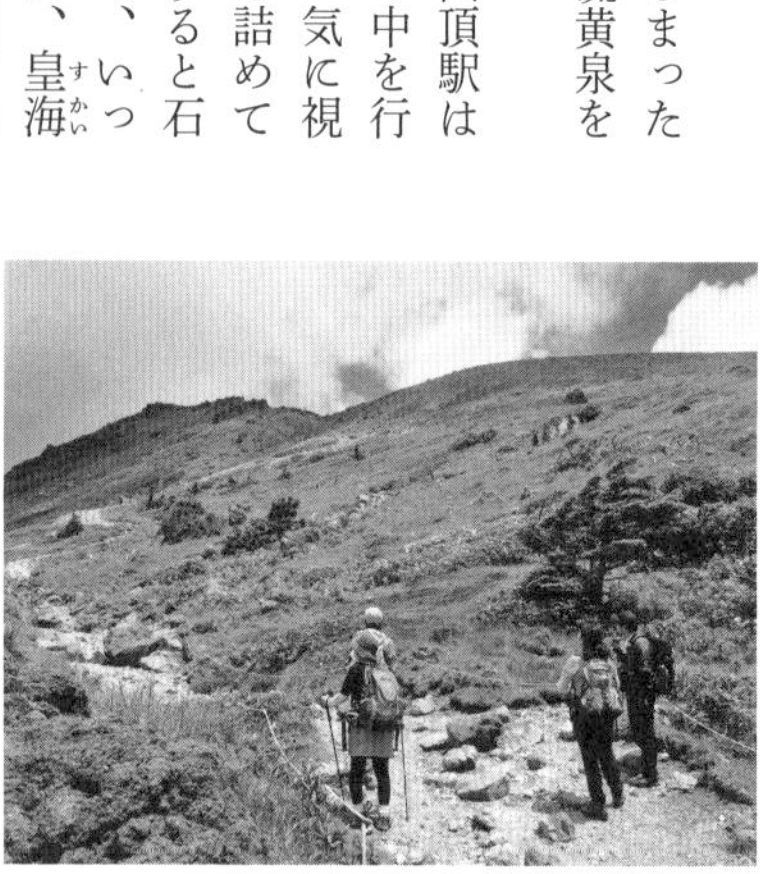
森林限界を越えると砂礫の斜面が広がる

山頂の一角に鎮座する二荒山大神の御神像

七合目付近は険しい露岩の登拝道が続く

男体山《なんたいさん》と中禅寺《ちゅうぜんじ》温泉

青い湖水と山岳景観を眺望する山岳信仰の聖地

男体山に登るのは2003年以来である。早朝5時30分に二荒山《ふたらさん》神社駐車場で同行の湯友&山友の鹿野君と待ち合わせ、登拝門が開く6時、登拝料1000円を受付で納めて入山。男体山は二荒山神社の所有で、これが決まりである。

登拝路はいきなりの急登から始まる。樹林帯の中、ひとしきり登ると舗装された林道に出てけっこう歩くので、ちょっとガッカリさせられる。本格的な山道の登拝路になるのは鳥居の立つ四合目からで、六合目から八合目にかけては岩がゴロゴロするガレ場の急登だ。振り返ると眼下に中禅寺湖の青い湖水が鮮やか。

九合目の上でようやく樹林帯を抜け出すと、火山特有の赤茶けた砂礫の急登に変わる。やがて、ガスに霞む前方に山頂に建つ二荒山神社奥社が見えた。

男体山は途中からはまったく山頂が見えないので、この瞬間は感動的だ。10時30分、健脚は3時間で登るという男体山に4時間30分かけて登頂した。山頂は意外なほど広く、奥社のほか、巨大な神像や天を突く宝剣が立つピークがあるが、宝剣が立つピークに一等三角点標石もあるので、ここが山頂のようだ。

山頂で1時間ほど過ごしているうちに、それまでかかっていたガスが切れ、眼下に中禅寺湖がパッと姿を現した瞬間、山頂にいた人たちから歓声が上がった。それほど素晴らしく感動的な眺めで、先に登った日光白根山の頂も間近に望むことができて満足だった。

（日本百名山、21年6月26日再訪、同行1名）

一気に視界が開ける山頂直下の火山礫の道。眼下には中禅寺湖の感動的な風景

佳宿揃いのリゾートフルな湖畔の温泉

奥日光湯元温泉から引湯して誕生した中禅寺温泉には数軒の湯宿がある。どの宿も観光地らしくクオリティが高いが、筆者の中禅寺温泉でのイチオシの湯宿は、１軒だけ車道よりも湖側に張り出した敷地に建つホテル湖上苑。外国大使の別荘だった建物で、１９２３（大正12）年創業の木造洋館風の宿だ。湖水に手が届くほどに近い露天風呂が秀逸。ここは日帰り入浴不可なので、汗を流して帰るだけなら日帰り入浴の幟《のぼり》を立てている遊覧船乗り場前の日光山水で受け付けてくれる。

男体山　標高2486m

- コースタイム→JR日光線・東武日光線日光駅からバス約50分の二荒山神社前下車、二荒山神社登拝門から登り4時間・下り3時間
- 2万5千分1地形図／中禅寺湖・男体山

難易度 ★★☆

中禅寺温泉

ホテル湖上苑 ☎0288-55-0500 ◆ 泉質＝含硫黄ーカルシウム・ナトリウムー硫酸塩・炭酸水素塩泉 ◆ 源泉温度＝78.5度 ◆ 鉄道／JR日光線・東武日光線日光駅からバス約50分の遊覧船発着所下車、徒歩2分 ◆ 車／日光宇都宮道路清滝ICから約30分

中禅寺温泉・ホテル湖上苑の内湯と露天風呂

武尊山《ほたかやま》と上牧《かみもく》温泉

沖武尊《おきほたか》と剣ヶ峰山をめぐる周遊コース

2003年秋、鳩待《はとまち》峠から笠ヶ岳に登って湯の小屋温泉まで縦走したことがある。ここも「温泉百名山」の候補だったが、あのあまりにも長い行程で膝を痛めた記憶が蘇り、再訪する気になれなかった。その山行で、特に印象に残ったのが、長い下りの間、ずっと正面に見えた武尊山の雄姿だった。登ったのはそれから12年後。「日本百名山」完登も目指していなかったこの時期、なぜこの山に登ったのかは覚えていない。

上牧温泉・辰巳館自慢の「はにわ風呂」

武尊山　標高2158m

- コースタイム→水上駅からタクシー40分の武尊神社から武尊山（沖武尊）まで登り3時間30分・下り剣ヶ峰経由で3時間10分
- 2万5千分1地形図／藤原湖・鎌田

難易度 ★★☆

上牧温泉

辰巳館 ☎0278-72-3055 ◆ 泉質＝ナトリウム・カルシウム－硫酸塩・塩化物泉 ◆ 源泉温度=40.0度 ◆ 鉄道／上越新幹線上毛高原駅から送迎車で10分（要予約）、またはJR上越線上牧駅から徒歩5分 ◆ 車／関越自動車道水上ICから約10分　※辰巳館から武尊神社まで車で約40分

武尊山（沖武尊）から剣ヶ峰山へ向かう稜線は、素晴らしい展望が広がる快適ロード

武尊山（沖武尊）山頂から東方主稜を望む

土の広場状の武尊山（沖武尊）山頂

メンバーは、この頃によく一緒に山に登っていた義広氏と谷野和子さんコンビ、登山の魅力に惹かれはじめた丸田真佐子さんの4名。コースは、表登山口とされる東の片品《かたしな》村側からではなく、西のみなかみ町側を選んだ。こちらのほうが短時間で登れるから、というのが一番の理由だったように思う。

武尊神社手前の登山者用駐車場を6時40分に出発。林道歩き45分で剣ヶ峰山分岐。ここから武尊山→剣ヶ峰山→剣ヶ峰山分岐と周遊するのがこの日のコースだ。順調に登り、武尊山山頂には10時55分に登頂した。

ここは幾つもの峰を連ねる武尊山山塊の最高点で、沖武尊と呼ばれる。山頂は意外と広く、古びた石祠、御嶽山大神石碑、一等三角点標石、方位盤、山名標示板などがあった。天気は快晴、谷川連峰、至仏山、燧ヶ岳、日光白根山、皇海山《すかいさん》など、素晴らしい展望が広がっていて、すっかり魅了されてしまった。

山頂でのランチタイムは、あっという間に1時間が経過。12時に出発し、一目でそれとわかる剣ヶ峰山を目指す。この沖武尊から剣ヶ峰山に至る稜線歩きはあまり類を見ない快適さだ。剣ヶ峰山の尖峰に13時15分に立ったあとは、武尊沢まで激下りが待っていた。

（日本百名山、15年10月29日登頂、同行3名）

放浪の画家山下清が愛した清流沿いの温泉

水上温泉郷のどの温泉地がベースでもいいが、このエリアでは筆者が贔屓にしている利根川に面した上牧温泉の辰巳館を指名した。設備や接客のクオリティが高く、居心地のよさは抜群。風呂は山下清画伯の作品を壁画にした男女交替制の「はにわ風呂」と露天風呂付き檜風呂、女性専用の内湯、貸切風呂2ヶ所を用意。最上階の朝食会場から眺望する利根川と谷川連峰の絶景も印象に残る。

谷川岳《たにがわだけ》と湯檜曽《ゆびそ》温泉

一般コースは意外にも初級者向けの「魔の山」

上越の山々の中で、谷川岳ほど名前の知れた山はない。それは、遭難事故がしばしばニュースになることに由来し、「魔の山」と畏怖されているからだ。しかし、その大部分はロッククライミングでの事故で、こと一般登山コースに関してはそれほどの難路ではない。なかでも、ロープウェイが架かる天神平からの天神尾根ルートは、悪天候でなければ初級者向けの登山コースだ。

天気予報が間違いなく快晴を約束した秋日和の日、湯友の池上君の山デビューに谷川岳を選んだ。天神平からリフトで天神峠に登り、天神尾根と谷川岳の双耳峰を拝した。「えーっ、あそこまで登るの！」と池上君は悲鳴を上げたが、中高年の登山者が多いのを見て、覚悟を決めたようだ。

天神峠からいったん下り、天神平から来る登山道を合わせると、天神尾根ルートが始まる。次第に高度を上げると、木々も色づいてきた。秋たけなわでしかもピーカン、列を作るほどの人出だ。順調に登り、熊穴沢避難小屋で20分休憩。谷川岳肩ノ小屋には12時ちょうどに到着した。ここまで来れば、山頂は近い。

10分後にトマの耳、さらに10分後に最高点のオキの耳に登頂。天神峠からコースタイム2時間30分を休憩込みで3時間30分。初登山にしては上々だ。オキの耳下に適当なスペースを見つけて昼食タイム。1時間もゆっくり過ごし、往路と同じコースを下山した。

（日本百名山、19年10月10日再訪、同行1名）

オキの耳の登りから望むトマの耳の尖峰

谷川岳肩ノ小屋を見上げて天神尾根を登る

谷川岳登山口にもっとも近い小さな温泉場

湯檜曽温泉は、湯檜曽川沿いに木造の小旅館が3軒、少し離れて大型旅館が1軒あるだけの小さな温泉場。歴史は古く、奥州から落ち延びた安倍氏の末裔《まつえい》が発見したと伝わる古湯だ。その流れを汲むとされた老舗宿が廃業してから寂しくなったが、上州と越後を結ぶ街道として賑わった歴史を偲ばせる雰囲気は残る。筆者の好みは林屋旅館の風呂で、昭和初期の作というアーチ天井とモザイクタイルの浴場と源泉かけ流しの美しい単純温泉の湯は秀逸だ。宿では夕食のみや素泊まりにも対応しているので、前泊早朝発で谷川岳を目指す登山者も多いようだ。

湯檜曽温泉・林屋旅館の雰囲気ある大浴場

谷川岳　標高1977m

◆ コースタイム→上越新幹線上毛高原駅から水上駅経由バス45分、谷川駅ロープウェイ駅下車。谷川岳ロープウェイ15分の天神平から登り2時間30分・下り2時間

◆ 2万5千分1地形図／水上

難易度 ★☆☆

湯檜曽温泉

林屋旅館 ☎0278-72-3508 ◆ 泉質＝単純温泉 ◆ 源泉温度=47.2度 ◆ 鉄道／JR上越線湯檜曽駅から徒歩2分、または上越新幹線上毛高原駅から水上駅経由バスで35分、ゆびそ温泉下車すぐ ◆ 車／関越自動車道水上ICから約15分

※谷川駅ロープウェイ駅までバス30分、車で25分

トマの耳から14m高い最高点のオキの耳を望む。風雪に削られた岩稜が美しい

三《み》国《くに》山《やま》と法《ほう》師《し》温泉

三国山から20分ほど先の縦走路からの展望。左から平標山、仙ノ倉山、谷川連峰

三国山　標高1636m

- ◆ コースタイム→法師温泉から登り4時間・下り3時間30分（車の場合は三国トンネルの群馬側と新潟側の三国峠登山口に登山者用駐車スペースがあり、そこから三国山まで登り2時間・下り1時間30分、難易度★）
- ◆ 2万5千分1地形図／四万・三国峠

難易度 ★★☆

法師温泉

長寿館 ☎0278-66-0005 ◆ 泉質＝カルシウム・ナトリウム－硫酸塩泉ほか ◆ 源泉温度=42.2度ほか ◆ 鉄道／上越新幹線上毛高原駅からバス30分の猿ヶ京で乗り換え15分、法師下車すぐ ◆ 車／関越自動車道月夜野ICから約40分

法師温泉・長寿館の看板風呂「法師乃湯」

旧街道の往時を偲びつつ登る花の斜面

翌日が快晴予報なので夜中にスタートし、朝方、国道17号三国トンネルの群馬県側手前にある登山者用駐車場に到着した。トンネル口まで歩いて登山道に入り、広葉樹の中の登りを三国峠へ。旧三国街道に合流すると、三国峠は近い。

三国峠は言わずと知れた上州と越後を分ける分水嶺にある峠路で、戦国時代には上杉謙信の関東攻めをはじめ、数多くの武将や旅人が足跡を残した古道である。峠には大きな鳥居と御阪三社神社が鎮座していて、背後は三国山へ続く斜面だ。神社前の右手から登山道に入り、三国山に向かう。

視界が開けてくると、左手に残雪が映える苗場山、右手には赤城山、振り返ると稲包山《いなつつみ》など上越国境の山々が連なる。山頂直下の急坂には木段が敷設されていて、「天国への階段」と呼ばれている。登り着いた標高1636mの三国山は、縦走路から右に少し離れた位置にある。山頂には山名指標と幸福の鐘があるだけ。三国峠側は開けているが、反対側は灌木が茂っていて視界は開けない。

三国山から平標山《たいらっぴょうやま》へと続く縦走路に戻り、そのまま平標山方向へ20分ほど行くと見事な展望が開けた。正面に平標山と仙ノ倉山、その右手は谷川連峰へと続く稜線だ。この大観に満足して引き返したが、この先の初夏の沿道は高山植物の宝庫という好展望台の三角山や大源太山まで足をのばす日帰り登山客も多いようだ。三角山までは片道1時間半、大源太山《だいげんたさん》まで2時間ほどである。

ベースとなる法師温泉から三国トンネルまでの道を後日踏査してみた。登り約1時間20分のこのルートは上信越自然歩道指定の道なのだが、山ヒルが多く、初夏から秋にかけては靴や足首に防ヒル剤を散布するなどの対策が不可欠だ。法師川沿いに広葉樹の森を行く雰囲気のある峠路だが、山ヒルの活動が鈍くなる晩秋か早春に歩くのが無難なようである。（20年6月9日登頂、単独行）

文人歌人に愛された上越国境近くの一軒宿の秘湯

法師温泉長寿館は、三国峠直下の山懐に抱かれた江戸時代の旅籠の面影を残す一軒宿の温泉。弘法大師発見説が伝わる古湯で、いまや秘湯というよりは名湯と呼ぶほうがふさわしい。木造宿泊棟4棟のうち本館と別館、独立浴場棟「法師乃湯」が国の登録有形文化財。「法師乃湯」「長寿乃湯」はともに希少な足元湧出泉だ。ほかに単純温泉を引く内湯＋露天岩風呂を備えた玉城乃湯もある。

三国山の山頂直下の「天国への階段」

三国峠で旅人を見守ってきた御阪三社神社

小天狗から軽井沢の街（左側）方面を俯瞰

広葉樹越しに望む特徴ある山容の鼻曲山

鼻曲山《はなまがりやま》と霧積《きりづみ》温泉

広葉樹の美しさを再認識する上信国境の孤峰

上信国境にそびえる鼻曲山は、山頂部の両側が切れ落ちた断崖になっていて、その名のとおり鼻が曲がったような特異な形をした山だ。ほかの山から見てもすぐにそれとわかる山容が特徴的。浅間山を眼前に、白根山から志賀方面、八ヶ岳、秩父連山、妙義山など上州の山々を望む好展望と、アプローチの美しい広葉樹の森を縫って歩く道も魅力的な、初級者向きの山である。

この山に最初に登ったのは2003年秋。軽井沢町長日向《ながひなた》から入って、燃えるような紅葉の中を霧積温泉に下った。2度目はその数年後、霧積温泉に前泊して登頂後、旧軽井沢まで歩いた。記憶されている人も多いと思うが、西條八十《さいじょうやそ》の詩『帽子』の一節、または森村誠一の小説『人間の証明』での「母さん僕のあの帽子　どうしたでしょうね?……」というフレーズの、その道である。

久々に訪ねた3度目は、この「温泉百名山」選定のための再踏査と再撮が目的で、霧積温泉に泊まり、鼻曲山までの往復登山を試みた。山頂直下までは視界が開けない林間コースだが、秋たけなわの広葉樹の森は美しく、山頂まで誰ひとりとして出会わない静かな山歩きを楽しむことができた。

大天狗と呼ばれる鼻曲山の山頂は、樹木が茂っていて展望が開けないが、そこから徒歩3分ほどの小天狗は浅間山、上州の山々、軽井沢の街の好展望台。ここで初めて2人の登山者に会った。

（18年11月1日再訪、単独行）

浅間山や上州の山々、軽井沢の街を俯瞰する小天狗が鼻曲山のビューポイント

鼻曲山東麓に湧く一軒宿の秘湯

霧積温泉は標高1180mの山懐にある山の湯だが、明治時代は上州から軽井沢に抜ける街道の湯として数多くの別荘や商店があり、政治家や文人、外国人が人力車で乗り付けるほどに賑わった避暑地だった。信越本線の開通と大水害で廃れ、この一軒宿の金湯館だけが残った。1883(明治16)年の創業以来の建物の旧館と30年ほど前に新築した新館があり、源泉かけ流しのタイル貼りの浴槽など、ノスタルジックな雰囲気に満ちあふれた秘湯の宿を家族一丸となって守り続けている。

鼻曲山　標高1655m

- ◆ コースタイム→JR信越本線横川駅からタクシー30分の霧積温泉駐車場から登り2時間45分・下り2時間10分　※長野県側からは北陸新幹線軽井沢駅からバス20分の長日向から鼻曲山まで約1時間40分
- ◆ 2万5千分1地形図／軽井沢・浅間隠山

難易度 ★☆☆

霧積温泉

金湯館 ☎027-395-3851 ◆ 泉質＝カルシウム－硫酸塩泉 ◆ 源泉温度=38.9度 ◆ 鉄道／JR信越本線横川駅から送迎車で30分（要予約）◆ 車／上信越自動車道松井田妙義ICから約50分の駐車場から徒歩約30分

霧積温泉・金湯館の源泉かけ流しの内湯（男湯）

湯《ゆ》ノ《の》丸《まる》山《やま》と鹿《か》沢《ざわ》温泉

百万本のレンゲツツジが咲き誇る山

長野県東御市から地蔵峠を経て群馬県嬬恋《つまごい》村の鹿沢温泉まで結ぶ道は、かつて「湯道《ゆみち》」と呼ばれていた。この3里の道の路傍にはいまも百体の石彫観音像が安置されているが、鹿沢温泉まで湯客を導いていた歴史の道の名残というわけだ。地蔵峠からは高峰高原へ通じる林道もあり、山岳ドライブの中継地のような場所になっていて、食堂もある。

湯ノ丸山は地蔵峠のすぐ西に位置する円頂丘の山で、地蔵峠

鹿沢温泉・紅葉館のレトロな内湯（男湯）

湯ノ丸山　標高2101m

- コースタイム→鹿沢温泉から登り2時間10分・下り鐘分岐経由の周遊コースで2時間　※車の場合は上信越自動車道東部湯の丸ICから約25分の地蔵峠駐車場に駐車して湯ノ丸山をピストンするのが普通。往復2時間30分程度
- 2万5千分1地形図／嬬恋田代

難易度 ★☆☆

鹿沢温泉

紅葉館 ☎0279-98-0421 ◆ 泉質＝マグネシウム・ナトリウムー炭酸水素塩泉 ◆ 源泉温度=48.0度 ◆ 鉄道／ JR吾妻線万座・鹿沢口駅からタクシー 30分（しなの鉄道小諸駅から約45分）◆ 車／上信越自動車道東部湯の丸ICから約30分

100万本のレンゲツツジが咲くといわれる湯ノ丸山。名所つつじ平から湯ノ丸山を望む

輝石安山岩が散り敷く湯ノ丸山の山頂部

岩積みのピークの北峰から湯ノ丸山を望む

からは往復2時間半。しかし、これでは「温泉百名山」とするには物足りない。そこで、鹿沢温泉を起終点とする周遊コースを取り上げることにして、鹿沢温泉近くの休暇村嬬恋鹿沢の石川哲志支配人（当時）に同行をお願いした。

　鹿沢温泉の少し先、第九十九番千手観音像の脇に「湯ノ丸山・角間山登山口」の指標がある。ここから林間の登りを約1時間で、湯ノ丸山と角間山の鞍部の角間峠に着く。ここから湯ノ丸山までは約50分の登りだ。急登というほどでもなく、気分のいい登りが続く。頂上かと思われた岩山は手前の北峰で、もうひと登りで湯ノ丸山の山頂だ。一帯はまるで人工的に石を敷き詰めたかのようだ。

　山頂からは急下降で、下り切ったところが地蔵峠との道を分ける鐘《かね》分岐。指標に従い、「旧鹿沢温泉」方面へ。ここから先はつつじ平と呼ばれるレンゲツツジの群生地。6月下旬から7月上旬にかけての花期には大勢のハイカーが訪れる人気の場所だ。その先、林間を抜け出すと、コンコン平と呼ばれる気持ちのいい広場に出る。正面に見える湯ノ丸山に別れを告げ、あとは林間の急坂を鹿沢温泉へと下って行くだけだ。

（19年6月20日登頂、同行1名）

大火後に1軒だけ再興された近在の温泉の湯元

　鹿沢温泉は江戸末期以降は湯治客の往来が盛んで、１８６９（明治2）年の紅葉館創業時には10軒以上の宿があって活況を呈していたが、１９１８（大正7）年の大火で全焼。その後再興したのはこの宿だけで、あとは現在の新鹿沢温泉の地に移転した。近年、建物は建て直されたが、総檜造りの浴場や火焔童子のレリーフも昔のままだ。ちなみに、岳人にはお馴染みの「雪よ岩よわれらが宿り…」の『雪山讃歌』発祥の宿としても知られ、記念碑も建立されている。

白砂山《しらすなやま》と尻焼《しりやき》温泉

長大な尾根歩きの果ての上信越を分ける秘峰

白砂山は、群馬・長野・新潟3県の県境にそびえる秘峰だ。野反《のぞり》湖畔の登山口からコースタイム登り4時間30分・下り3時間30分。遅足の筆者にとっては休憩込み3割増しの10時間はみておく必要がある。

夜間走行で登山口の駐車場には未明に到着し、5時30分に出発。笹の斜面を登り、急下降してハンノ木沢を渡ると、あとは樹林帯をひたすら登る。堂岩山《どういわやま》にはまずまずの3時間で着いた。ここでようやく白砂山が姿を見せたが、途中にピークが2つあり、とてもコースタイムの1時間20分では届きそうもない。

暑さと寝不足がこたえてピッチが上がらない。ようやく2つのピークを越え、堂岩山から2時間かかって登頂した白砂山は360度の展望台。苗場山や岩菅《いわすげ》山、草津白根山や浅間山、さらに北アルプスや富士山までも視界が届くそうだが、この日は遠望がきかなかった。それでも山深い秘峰であることはわかった。

山頂で1時間余を過ごし、いざ帰りのルートにかかると、2つのピークを挟んで堂岩山がはるか彼方に見えた。消耗して、休み休み2時間でなんとか堂岩山にたどり着いたが、そこからの樹林帯の下りもウンザリするほど長く、ハンノ木沢からの最後の急登はまさに青息吐息。結局、9時間30分をかけた苦行で登山口に帰還した。寝不足が相当こたえたので、ここは尻焼温泉に前泊して登るべきだったと反省しきりだった。

（日本二百名山、20年8月7日登頂、単独行）

白砂山山頂からさらに奥の縦走路を望む

秋山郷への道が分かれる林間の地蔵峠

天然野天風呂のある川底が泉源

ベースとなる尻焼温泉は、川底から湯が湧く天然の野天風呂で知られる。宿は河畔に2軒あるが、私の定宿は山の斜面の集落内にある白根の見える丘だ。話題豊富な館主と料理上手な奥さんの夫婦2人だけで営む小宿で、客室はたった4室。宿名に偽りはなく、テラスからも源泉かけ流しの展望風呂と露天風呂からも草津白根山を眺望する絶景が魅力だ。それにもうひとつ、特筆すべきは奥さん渾身の料理の素晴らしさ。それも館主が往復4時間もかけて汲んでくる榛名山の名水を使って作るこだわりようだ。なかでも、手作り豆腐は絶品である。

尻焼温泉・白根の見える丘の展望風呂

白砂山　標高2140m

◆ コースタイム→JR吾妻線長野原草津口駅からバス1時間16分、野反湖下車（車の場合は関越自動車道渋川伊香保ICから約2時間10分）。登り4時間30分・下り3時間30分
◆ 2万5千分1地形図／野反湖・小雨

難易度 ★★★

尻焼温泉

白根の見える丘 ☎0279-95-5055 ◆ 泉質＝カルシウム・ナトリウム－硫酸塩・塩化物泉 ◆ 源泉温度=54.3度 ◆ 鉄道／JR吾妻線長野原草津口駅からバス35分、花敷温泉下車（バス停から送迎車で5分、要予約）◆ 車／関越自動車道渋川伊香保ICから約1時間40分　※登山口まで車で約40分

堂前山下から白砂山に続く稜線の眺望。ここから白砂山までコースタイム1時間20分!?

稲包山《いなつつみやま》と四万《しま》温泉

ブナやミズナラの美しい広葉樹の森を行く登山道の先に姿を見せる稲包山の尖峰

山麓の人々が水源の山と崇敬する尖峰

知名度は高くないが、筆者はこの山に惹かれて2度登っていた。最初は2003年秋で、このときは奥四万湖から登頂し、稲包山から登山道が開設されたばかりの上越国境の稜線を三国峠へ縦走した。次は19年11月19日、この年の登り納めに奥四万湖から往復したが、山頂では雪に降られた。いずれも単独行だったが、今回は湯友&山友の柴田、鹿野両君と、前日の仙ノ倉山に続く連登である。

稲包山は、歴史的には稲裏山と書いたが、のちに易しい字があてられたようだ。四万川の源で貴重な水をもたらしてく

稲包山　標高1598m

◆ コースタイム→四万温泉から車で約30分の奥四万湖登山口から登り3時間20分・下り2時間40分（稲包山から三国トンネルまで約4時間）　※5 ～ 9月にかけては山ヒル対策が不可欠で、11月に入れば降雪に備えた対策も必要
◆ 2万5千分1地形図／四万

難易度 ★★☆

四万温泉

つばたや旅館 ☎0279-64-2920 ◆ 泉質＝ナトリウム・カルシウムー塩化物・硫酸塩泉 ◆ 源泉温度=52.0度 ◆ 鉄道／JR吾妻線中之条駅からバス約40分の山口下車、徒歩2分 ◆車／関越自動車道渋川伊香保ICから約1時間

四万温泉・つばたや旅館の渓流露天風呂

れる霊峰として、古くから麓に住む四万の人々からの崇敬厚く、山頂の石宮は四万の人々が１８０４（文化元）年に建立したという。この山は上越国境にあるせいか、上州側は晴天でも越後側からガスが押し上げて来る。今回、同行の２人は初登だが、筆者は山頂からの展望写真の再撮が主な目的だった。

コンビニの朝食に飽きていたので、前泊した四万温泉つばたや旅館では朝食をいただいてから出発。奥四万湖の登山口発が9時30分。これはあまりにも遅い。しかも筆者は白砂山に続く3連登なので、いつにも増して脚の運びが重い。

美しい広葉樹の森をひたすら登り、峠の休憩舎着が正午。ここで昼食に50分も費やし、登頂は14時30分。なんと、山頂部だけにガスがかかってしまっていた。好天なので油断もあった。遅い行動が山の神様の怒りに触れてしまったようだ。

上越国境を縦走して三国峠に下るプランを予定通り実行した。前日に車をデポしておいた国道17号の登山者用駐車場までほぼ休憩なしで歩いたが、4時間かかった。宿泊する法師温泉には途中で遅延の連絡を入れて快く対応していただいたが、到着は19時を回ってしまった。山は可能な限り早発ちすること。この鉄則が改めて身に沁みた山行となった。

（21年5月30日再訪、同行2名）

四万川沿いの5地区で温泉街を形成する名湯

四万温泉は「四万の病を治す」霊泉として江戸時代から湯治客で賑わった上州を代表する名湯。現在も豊富な湯量の自噴泉が湧出しており、どの宿でも源泉かけ流しの湯が堪能できる希少な存在の温泉地で、国民保養温泉地指定第一号でもある。筆者の贔屓宿は安価な宿泊料金と極上湯がほぼ独泉で楽しめるつばたや旅館。夫婦2人で切り盛りする、客室4部屋だけの四万温泉では最小の宿だ。

古びた石宮が祀られた稲包山の狭い山頂

峠の休憩舎から稲包山へは左の尾根道へ

黒檜山の下りから俯瞰する大沼と赤城神社

黒檜山は展望が楽しみな赤城山の最高峰

赤城《あかぎ》山《さん》と赤城《あかぎ》温泉

高原と大沼《おの》を眺めつつ手軽に登れる上州の名山

「まだ上州の山は見えずや」、前橋出身の詩人・萩原朔太郎《はぎわらさくたろう》の『帰郷』の有名な一節である。上州の山とは、もちろん赤城山のことだ。そのときの朔太郎の辛い心情とは異なるが、筆者も上州が故郷なので、このフレーズは刻み込まれている。上州人にとって、赤城山とはそういう山である。

赤城山は富士山に次ぐ広い裾野を持つ山だが、車道が通じる山上の大沼湖畔からすぐ登山道に入れるので、最高峰の黒檜山《くろびさん》にも容易に登ることができる。

初登は２０１１年６月14日。レンゲツツジをはじめ、多くの花が咲く一番美しい季節だった。直近は21年晩秋、この年の登り納めは温泉ヶ岳のつもりだったが、その帰りがけに立ち寄った赤城山が掉尾《とうび》を飾る山となった。

前回は黒檜山から駒ヶ岳へ歩いたが、今回は逆コースを採った。湖畔の公共駐車場のすぐ前に駒ヶ岳の登山口がある。途中にハシゴも掛かる樹林帯の急登から尾根に取りつくと、あとは緩やかな尾根歩きになる。まもなく小さなピークの駒ヶ岳。ここから黒檜山との鞍部の大タルミにいったん下り、それから木段の急登になる。途中から振り返ると、小沼がびっくりするほど高い位置に見えた。

最高峰の黒檜山で展望を楽しんだあとは、ミズナラの純林の中、露岩の道を湖畔へ向かって急下降が続く。途中には大沼を俯瞰できる展望地もあり、花の季節が楽しい山である。

（日本百名山、21年11月16日再訪、単独行）

駒ヶ岳から鞍部の大タルミに下る途中から、たおやかな山容の黒檜山を望む

隠れ湯の風情と緑黄色のにごり湯

赤城山南斜面の中腹に湧く赤城温泉は、昔は湯之沢温泉といい、江戸時代から湯治客で賑わったという歴史を持つ。現在は峡谷に3軒の湯宿が肩を寄せ合う小温泉場だ。最奥の一段下がった谷間に建つ花の宿 湯之沢館は赤城山を訪れた与謝野鉄幹や高村光太郎も投宿した、玉簾《たますだれ》の滝や神沢川の峡谷を眺めながら浸かる瀬音露天風呂や料理が自慢の佳宿だ。なお、赤城温泉から赤城山大沼への県道はヘアピンカーブが連続する狭い舗装路で、12月中旬〜4月上旬は冬期閉鎖される。

赤城山　標高1828m（黒檜山）

- コースタイム→JR両毛線前橋駅からバス30分の富士見温泉乗り換え40分、赤城山ビジターセンター下車（車＝北関東自動車道駒形ICから約1時間）。徒歩5分の駒ヶ岳登山口から駒ヶ岳経由黒檜山登り2時間20分・下り1時間30分
- 2万5千分1地形図／赤城山

難易度 ★☆☆

赤城温泉

花の宿 湯之沢館 ☎027-283-3017◆泉質＝カルシウム・マグネシウム・ナトリウム－炭酸水素塩泉◆源泉温度＝43.2度◆鉄道／上毛電鉄大胡駅からタクシー30分◆車／北関東自動車道駒形ICから約40分※赤城山登山口まで車で約30分

赤城温泉・花の宿 湯之沢館の瀬音露天風呂

榛《はる》名《な》山《さん》と伊《い》香《か》保《ほ》温泉

榛名外輪山を縦走して山岳信仰の聖地へ

榛名山は赤城山、妙義山と並ぶ上州三山に数えられ、榛名湖や榛名富士を中心に開発が進み、群馬県ではもっとも人気のある山岳リゾートだ。とはいえ、いわゆる歓楽色とは無縁の自然環境が守られた清遊の地。ハイキングコースの整備状態も良好で、多くのハイカーに親しまれている。

榛名山は2度の爆発による隆起や陥没、吹き飛ばされたりした結果、今日見るような中央火口丘の榛名富士、カルデラ湖の

伊香保温泉・泉源近くにある伊香保露天風呂

榛名山　標高1411m（相馬山）

- ◆ コースタイム→JR高崎線高崎駅からバス1時間20分の天神峠下車。外輪山縦走コースで相馬山まで3時間・相馬山からヤセオネ峠経由で伊香保温泉まで1時間30分
- ◆ 2万5千分1地形図／榛名湖・伊香保

難易度 ★☆☆

伊香保温泉

千明仁泉亭 ☎0279-72-3355 ◆ 泉質＝カルシウム・ナトリウムー硫酸塩・炭酸水素塩・塩化物泉 ◆ 源泉温度=41.6度 ◆ 鉄道／ JR上越線渋川駅からバス30分、伊香保温泉または石段街口下車徒歩5分 ◆ 車／関越自動車道渋川伊香保ICから約15分　※伊香保温泉から榛名湖へはバス25分

コース途中にある奇岩の磨墨岩の上から磨墨峠を眼下に相馬山の鋭峰を望む

松之沢峠上から榛名湖と掃部ヶ岳方面

天目山付近から榛名湖、榛名富士方面

榛名湖を中心に、外輪山や寄生火山が集合する複雑な山塊が形成されたという。最高峰は標高1449mの掃部ヶ岳《かもんがたけ》だが、ここでは外輪山を歩き、第2の高峰で信仰登山の聖地である相馬山を目指すハイキングコースを取り上げる。

このコースは過去4度歩いた。起点は外輪山の縁にある天神峠バス停から。ここから東にのびる尾根が「関東ふれあいのみち」として整備されている外輪山だ。最初のピークが氷室山、次が天目山で、どちらも急勾配の木段を登る。その先は緩やかに下った七曲峠、次が松之沢峠で、両峠とも高崎方面から登ってくる車道を横断する。天目山付近と松之沢峠の上では榛名湖と榛名富士の絶景を、その先は相馬山の尖峰を眺めながらの快適なハイキングコースだ。

下界から榛名山を眺めると、一番目につくのが相馬山。古来、山岳信仰の聖地とされ、クサリやハシゴも設置された急登の登拝路が待ち構える。山頂には黒髪山神社奥ノ院や数多くの献碑が立ち、晴天なら関東平野を眼下に、浅間山、八ヶ岳、日光連山の大展望が広がる。ヤセオネ峠から伊香保温泉までは下り約1時間半だが、着いた時点でタイミングが合えば、伊香保温泉までバスを利用するのが賢明だろう。

（日本二百名山、14年9月29日再訪、単独行）

伝統の名湯は赤褐色を帯びた「黄金の湯」

伊香保温泉は1576（天正4）年、日本初の計画的な温泉場を造成したと伝わる名湯だ。標高750m付近に自噴する源泉を引く大堰《おおぜき》と石段を築き、石段の左右に各7軒の湯宿を配したのが始まり。その石段街がいまも伊香保温泉のシンボル的景観だ。簡単に汗を流せるのは泉源地にある伊香保露天風呂と石段街の共同浴場石段の湯。宿は選択に迷うが、筆者の推奨宿は老舗の千明仁泉亭《ちぎらじんせんてい》だ。

三頭山《みとうさん》と蛇《じゃ》の湯《ゆ》温泉

貴重なブナ林が残る奥多摩の名山と縦走コース

三頭山は、島を除けば東京都では唯一の村の檜原村《ひのはら》と、山梨県上野原市・小菅村の境を成す山だ。山腹の檜原都民の森の整備に伴い、多くのブナ林が伐採されてしまったそうだが、それでも東京都にもまだこんなにブナの樹が残っていたのか、と感嘆させられる貴重な存在である。都心から日帰り登山に恰好の山なので、過去5度登った。直近は2021年秋。月刊誌『旅の手帖』の取材を兼ねていた。

絶好のシーズンなので、登山口の檜原都民の森には多くの行楽客の姿があった。半分以上は登山者ではなく、長蛇の列は免れた。30分ほど歩いた鞘口《さいぐち》峠から緩やかな「ブナの森」と直登の2コースに分かれ、直登コースを選択。登るほどに、ブナが多くなる。同じようなペースの3人と親しくなり、撮影モデルを依頼した。

三頭山はその名の通り、展望台がある東峰、三等三角点標石がある中央峰、いったん御堂峠に下って登り返す西峰と3峰が並ぶ。標高1531mの中央峰が最高峰だが、三頭山の山名指標は7m低いが好展望の西峰にある。

先着していたお仲間3人が加わり、賑やかに昼食の輪ができた。千葉から訪れたというこのグループとは山頂で別れ、大沢山から槇寄山《まきよせやま》へと続く尾根を縦走。三頭山にはあれだけの登山者がいたのに、この縦走路を歩く人はまばらだった。数馬《かずま》峠から下山。この日は遅くなったので、日帰り温泉施設・数馬の湯で汗を流して帰途についた。

（日本三百名山、21年11月6日再訪、単独行）

槇寄山の山頂では山梨県側の視界が開ける

快晴の日には富士山も望める三頭山・西峰

南秋川沿いにある兜造りの一軒宿の温泉

数馬の里には独特の兜造りの茅葺き民家が残るが、蛇の湯温泉の一軒宿・たから荘も築500年超という見事な兜造りだ。温泉は自噴のアルカリ性単純硫黄泉。冷鉱泉なので浴用加温だが、温泉に恵まれないこの地域では貴重な存在。風呂はすぐ下を南秋川が瀬音を立てる清潔な造りの男女別内湯で、日帰り入浴（10～18時、事前に要確認）にも対応しているが、一度は泊まって静かな夜を過ごしてみたい東京の秘湯宿である。なお、たから荘の日帰り入浴時間が過ぎた場合は、少し下った場所にある別源泉の日帰り温泉施設・数馬の湯がある。

静かな湯浴みが楽しめる蛇の湯温泉・たから荘

三頭山　標高1531m

◆ コースタイム→JR五日市線武蔵五日市駅からバス約1時間10分の都民の森から登り1時間40分・三頭山から槇寄山、西原峠経由で下り2時間40分　※バス運行日要確認
◆ 2万5千分1地形図／猪丸

難易度 ★☆☆

蛇の湯温泉

たから荘 ☎042-598-6001 ◆ 泉質＝アルカリ性単純硫黄冷鉱泉 ◆ 源泉温度=10.6度 ◆ 鉄道／ JR五日市線武蔵五日市駅からバス約1時間、数馬下車徒歩3分 ◆ 車／中央自動車道上野原ICまたは圏央道あきる野ICから約45分　※数馬バス停から都民の森までバス約10分

ブナの美林を縫って急登が続く三頭山への道。初夏の新緑、秋の黄葉が美しい

金《きん》時《とき》山《やま》と姥《うば》子《こ》温泉

金時山は富士山の贅沢な展望台（この写真は2021年11月5日に再撮）

富士山の眺望随一の箱根外輪山の最高峰

当初、箱根では最高峰の神山《かみやま》を選定する予定だったが、大涌谷の噴火活動の影響で登山道が長いことと閉鎖中なので断念。富士山と箱根の眺望抜群の金時山を選定した。

金時山には数度登った。２０２１年１月の左膝手術後の試運転に高尾山の次に登ったのもこの山で、湯友&山友の鹿野君と5月15日に登ったが、のちに再撮にも登った。

登山口の金時神社入口（神社名は公時《きんとき》神社）の駐車場着が5時30分。10台程度の駐車場はすでに満車状態で、最後の１台に滑り込む。先着の鹿野君は仮眠中だった。

金時山　標高1212m

◆ コースタイム→箱根登山鉄道箱根湯本駅からバス40分の仙石下車。徒歩5分の金時登山口から登り1時間30分・下り1時間5分（金時山→長尾山→乙女峠→仙石＝約2時間）
◆ 2万5千分1地形図／関本・御殿場・箱根

難易度 ★☆☆

姥子温泉

姥子秀明館 ☎0460-84-0026 ◆ 泉質＝単純温泉 ◆ 源泉温度=48.4度（岩盤湧出源泉）◆ 鉄道／箱根登山鉄道箱根湯本駅からバス約40分の姥子下車すぐ ◆ 車／東名高速御殿場ICから約30分、または小田原厚木道路箱根口から約40分（仙石原からはタクシー約15分）

姥子温泉・姥子秀明館の浴場（男湯）

6時に出発。まずは公時神社に参拝。登山道はしばらく針葉樹林の中を進み、やがて舗装路を横切る。近年開通した道路で、この先の矢倉沢峠下に広い無料駐車場が設けられたので、神社前の駐車場が満車になってもこちらが利用できる。巨岩が真っ二つに割れた「金時宿り石」を過ぎ、急登にひと汗かいて針葉樹林を抜け出すと、仙石原高原、箱根最高峰の神山、噴煙上げる大涌谷、芦ノ湖が一望になる。矢倉沢からの登山道に合流して左折、あとは山頂まで急登が続く。

金時山に7時50分登頂。山頂部は思いのほか広く、茶店2軒とベンチとテーブル、三等三角点標石などがある。晴れてはいるが、富士山は頭がチラッと見えるだけ。9時まで粘ったが、諦めて長尾山から乙女峠への周遊コースへ。

金時山から長尾山への尾根道は、美しい樹間を行く。この道を歩かずに、金時山を往復するだけではもったいない。長尾山からはずっと下りが続き、手術した左膝に痛みが出たので慎重に下る。茶店の廃業で寂しくなった乙女峠からも富士山は望めず、乙女口に下山。国道１３８号沿いを歩き、金時神社入口の駐車場に11時45分に帰着した。

(日本三百名山、21年5月15日再訪、同行1名)

箱根七湯の番外別格だった伝説の温泉霊場

下山後の温泉は金時山に縁の深い姥子温泉を選んだ。金太郎が山姥に連れられて目の治療のため湯治に通ったという箱根七湯の番外別格の伝説の湯で、江戸以前から崇敬された霊泉である。現在は湯治場の伝統そのままに、正しい湯治の在り方を追求し、湯と向き合うための日帰り湯治施設・姥子秀明館となっている。浴場は男女別で、雪解けや大雨後に大量の湯が噴出する岩盤壁には御神体のごとく注連縄《しめなわ》が張られ、浴後は貸し切り利用の個室で静かな時間が過ごせる。

芦ノ湖も望める金時山の山頂からの展望

長尾山手前の美しい広葉樹の中の登り坂

甲信越・飛騨・北陸

59〜90

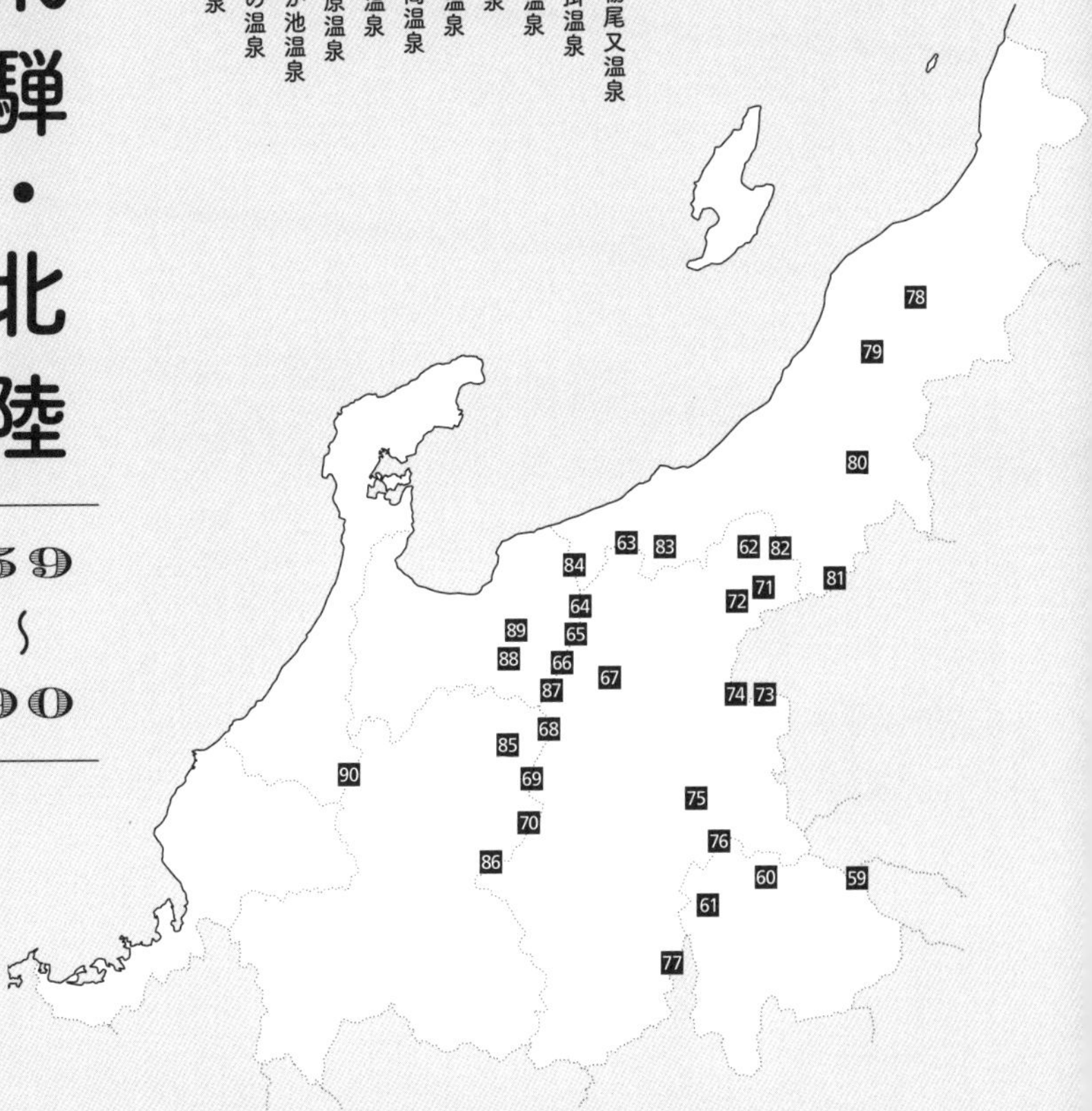

雪倉岳 84

北岳 61

笠ヶ岳 85

雨飾山 63

鷲羽岳 87

鹿島槍ヶ岳 65

立山（雄山） 88

槍ヶ岳 68

剱岳 89

東篭の塔山 74

雲《くも》取《とり》山《やま》と三条《さんじょう》ノ《の》湯《ゆ》

山梨の秘湯から奥多摩の盟主に登る

雲取山は、東京都・埼玉県・山梨県にまたがり、東京都の最高峰となっている。この山には「日本百名山」97座目として、2017年8月に同業後輩の五十嵐裕樹君と鴨沢からピストンした。ちょうど登った年と標高が同じだというので、雲取山登山は一種のブームとなり、山頂ではミニコンサートが開催されていたりした。この日の天気は高曇りで雨の心配はなかったが、イマイチ遠望がきかず、再撮の機会を狙っていた。

三条ノ湯・山小屋三条の湯の清潔な浴槽

雲取山　標高2017m

- ◆ コースタイム→三条ノ湯から登り3時間・下り2時間30分
  ※鴨沢バス停→七ツ石山→雲取山→三条ノ湯=約7時間、雲取山→七ツ石山→鴨沢バス停=約3時間40分
- ◆ 2万5千分1地形図／丹波・雲取山

難易度 ★★★

三条ノ湯

山小屋 三条の湯 ☎0428-88-0616◆泉質=アルカリ性単純硫黄冷鉱泉◆源泉温度=10.8度◆鉄道／JR青梅線奥多摩駅からバス約40分のお祭下車、徒歩約3時間30分（車の場合は林道を約2km先まで入れるので、約40分短縮可）◆車／圏央道日の出ICから約1時間30分

東京都・埼玉県・山梨県の1都2県にまたがる雲取山の山頂から富士山を望む

雲取山への登山基地、山小屋 三条の湯

深山風景と富士山を望む三条ダルミ

21年7月の北海道遠征の際にレンタルしたテントの期限が8月末までだったので、三条ノ湯で幕営して雲取山に登る計画を実行した。メンバーは湯友&山友の柴田君と、三条ノ湯入湯だけが目的の長尾さん。

青梅街道のお祭《まつり》集落から後山《うしろやま》林道を2kmほど入った滝沢ゲートで待ち合わせ、林道歩き2時間・山道1時間のコースタイムを3時間45分かけ、10時15分に三条ノ湯着。1日目はここまで。テントを張り、昼食もそこそこに風呂に行く。時間もたっぷりあり、存分に長湯を楽しんだ。あとは、テント場で背負い上げたビールと日本酒の酒盛り三昧。夕方まで飲んで食べ、もう一度入浴してから寝た。

2日目、長尾さんを残して、三条ノ湯を4時45分に出発。ブナやミズナラなどの美しい広葉樹の森を登り詰め、8時過ぎに深山風景の上に富士山が姿を見せる尾根上の三条ダルミ着。ここで朝食後、雲取山には9時30分に登頂。

10時に下山開始。ゆっくり下ったので、三条ノ湯には13時15分に帰着。長尾さんが用意してくれた昼食とお酒をゆっくりと楽しみ過ぎて撤収に手間どり、出発が16時15分。当然ながら、復路の林道でとっぷりと日が暮れてしまい、長く辛い行軍になってしまった。

（日本百名山、21年8月22日再訪、同行2名）

雲取山最短登山ベースの山梨県側に湧く秘湯

三条ノ湯は山梨県丹波山村の山中、標高１１０３ｍに湧く。その昔鹿が傷を癒しているのを見た猟師が発見し、「鹿ノ湯」と呼ばれた。山小屋 三条の湯が建てられたのは１９５０（昭和25）年頃。以来、雲取山の登山基地として親しまれてきた。温泉の泉質は単純硫黄泉。冷鉱泉で浴用加温だが、実に快適な山の湯で、清潔なタイル造りの浴槽で堪能できる。日帰り入浴も受け付けている。

瑞牆山《みずがきやま》と増富《ますとみ》ラジウム温泉

屹立する花崗岩《かこうがん》と山頂からの大展望が圧巻

瑞牆山は、秩父多摩甲斐国立公園に属する奥秩父西端に位置する岩峰だ。中腹の森を突き抜けて花崗岩が屹立する特異な景観は、訪れる登山者を圧倒する。山頂は一枚岩の岩盤テラスになっており、大展望が待ち受けている。

一般的な登山口は里宮平の瑞牆山荘前になる。ここまでは路線バスも通っているので、アクセスはいいほうだ。マイカー用の無料駐車場も広い。

金峰山《きんぷさん》への登山道と分かれる富士見平まで約50分、ミズナラの純林の中を登る。途中、富士見林道を少し歩くと瑞牆山の全容が望める展望ポイントがあるので立ち寄って行く。富士見小屋が建つ富士見平で一息入れ、トラバース気味に天鳥川まで下る。水流を飛び石伝いに渡ると、その先でパックリと割れた巨岩の桃太郎岩が現れ、この先は頂上まで花崗岩の岩ゴロゴロの急登の連続だ。

補助ロープやクサリが設置された岩場の難所もあるので、慎重に登って行く。登山道脇にはアズマシャクナゲが多く、可憐なピンクの花を咲かせ始めていた。やがて小さな鞍部で不動沢沿いを登って来るルートを合わせると、もうひと登りで山頂の岩盤テラスに飛び出す。瑞牆山からの展望はすごい。南東に五丈岩が目を引く金峰山から奥秩父の主脈、富士山と南アルプス連山、八ヶ岳連峰の大パノラマが広がっている。眺望を堪能し、登りよりも危険度が増す岩場の急下降を慎重に下山した。

（日本百名山、19年6月1日再訪、同行2名）

富士見林道の展望ポイントから望む瑞牆山

真ん中でパックリ割れた巨岩の桃太郎岩

源泉浴槽と加温浴槽の交互浴

増富ラジウム温泉は瑞牆山麓に湧き、金峰山に源を発する本谷川に沿って湯宿が並ぶ。武田信玄が金山発掘の際に発見したと伝わる古湯だ。世界有数のラジウム含有量を誇る療養泉として知られ、低温の源泉槽と適温の加温槽に交互に浸かる独特の入浴法がこの温泉の特徴。ラジウム泉を実感できるのが不老閣の源泉岩風呂。冷鉱泉のままの加温なしなので、冬場の入浴は我慢比べとなる薬湯だ。ほとんどの宿で立ち寄り入浴を受け付けるが、湯づかいが見事な日帰り温泉施設・増富の湯もあり、下山後に利用しやすいという登山者も多い。

増富ラジウム温泉・不老閣の源泉岩風呂

瑞牆山　標高2230m

- コースタイム→JR中央本線韮崎駅からバスで1時間20分（増富ラジウム温泉からは20分）の瑞牆山荘前登山口から登り3時間・下り2時間
- 2万5千分1地形図／瑞牆山

難易度 ★★☆

増富ラジウム温泉

不老閣 ☎0551-45-0311 ◆ 泉質＝含放射能－ナトリウム－塩化物冷鉱泉ほか ◆ 源泉温度=21.5度（岩風呂2号源泉）ほか ◆ 鉄道／JR中央本線韮崎駅からバス約1時間の増富温泉郷下車、徒歩5分 ◆ 車／中央自動車道須玉ICから約30分　※増富ラジウム温泉から瑞牆山荘前までバス20分

瑞牆山の山頂は意外と平坦な岩盤テラス。飽きることない大展望が楽しめる

北岳《きただけ》と奈良田《ならだ》温泉

日本第2位の高峰、標高3193mの北岳山頂で御来光を拝し、第１位の富士山を眺望

標高日本第2位の南アルプスの盟主

北岳には２０２０年に登る予定だったが、コロナ禍の影響でこの年は道路も山小屋も閉鎖され、入山自体が叶わなかった。明けて21年、道路も山小屋も再開したが、計画した9月にまたもやコロナ禍で宿泊予定の北岳小屋が閉鎖してしまった。唯一、北岳肩ノ小屋だけ営業することを知り、運よく連泊の予約ができた。普通は北岳肩ノ小屋１泊プランだが、北岳で「温泉百名山」選定登山完結としていたので、悪天候による撤退は避けたかった。そこで連泊して初日、２日目、最終日の計３回の登頂機会を設ける万全策を採った。

北岳　標高3193m

- ◆ コースタイム→奈良田温泉からシャトルバス45分（6月下旬～ 11月初旬の運転予定）の広河原登山口から、登り6時間30分・下り4時間30分
- ◆ 2万5千分1地形図／仙丈ケ岳・鳳凰山・間ノ岳・夜叉神峠・奈良田

難易度 ★★★

奈良田温泉

白根館 ☎0556-48-2711 ◆ 泉質＝含硫黄－ナトリウム－塩化物泉 ◆ 源泉温度=47.8度 ◆ 鉄道／ JR身延線下部温泉駅からバス約1時間10分の奈良田温泉下車、徒歩2分 ◆ 車／中部横断自動車道下部温泉早川ICから約1時間

奈良田温泉・白根館の露天風呂

同行してくれる湯友&山友の柴田、鹿野両君とは、山梨県早川町の奈良田温泉で待ち合わせた。南アルプス市芦安《あしやす》側からの入山者が圧倒的に多いが、「温泉百名山」に選ぶとしたら奈良田温泉に決まりである。

奈良田発5時30分のシャトルバスに乗り、広河原着6時15分着。予報は3日間とも良好なので、初日は北岳肩ノ小屋に着いて、余裕があれば登頂するプランだ。大樺沢《おおかんばざわ》ルートは通行不可になっていたので、白根御池《おいけ》小屋経由で登る。白根御池小屋に10時15分着。ここで昼食休憩に1時間余を費やした。草すべりの急登を経て北岳肩ノ小屋には15時25分に着いたが、初日なので登頂は翌朝とする。

2日目、5時25分、富士山に次ぐ標高3193mの北岳に登頂し、御来光を拝した。実に53年ぶりの登頂に感無量だった。快晴で時間も早いので、北岳から標高3190mで日本第3位の間ノ岳《あいのだけ》までピストンを敢行。北岳から往復9時間近くもかけてのんびり遊び、「標高3000m天空の縦走路」を満喫した。

3日目は下山するだけだ。広河原発14時30分のシャトルバスに乗車して、15時15分に奈良田に到着。バス停では、打ち上げに合流してくれる湯友の坂口、長尾両君が出迎えてくれた。

(日本百名山、21年9月23〜25日再訪、同行2名)

抜群の泉質の湯に魅了される秘境の名湯

奈良田温泉・白根館の湯に浸かったときの衝撃は、40年余過ぎたいまでも鮮明だ。まさに真綿にくるまれたような、えも言われぬ快感。それを総檜造りの内湯と南アルプスの前衛峰を望む露天風呂で堪能できる。一軒宿の白根館は現在、宿泊を休止して日帰り入浴のみの対応だが、1日も早く復活してジビエ料理を味わいたいと切望するファンは多い。ほかに別源泉の町営日帰り温泉施設もある。

天空の縦走路から見た鋭角的な北岳

北岳肩ノ小屋手前から仰ぎ見る北岳

山名指標と三角点標石があるだけの山頂

ようやく鳥甲山の山頂が近づいてきた

鳥甲山《とりかぶとやま》と屋敷《やしき》温泉

秘境の豪雪地で知られる秋山郷のシンボルの岩峰

鳥甲山は、秘境秋山郷の谷を隔てて苗場山と対峙する峻険《しゅんけん》な岩峰である。秘湯の宝庫の秋山郷は何度も訪れているが、鳥甲山には登ってみようという気は起きなかった。しかし、「温泉百名山」選定には、この山と屋敷温泉は外せない。

登山口は北の屋敷、南のムジナ平があり、一般的にはムジナ平登山口から登って屋敷に下山する人が多いようだが、ムジナ平コースには岩稜の難所がある。下山後に車を取りに戻るのも面倒なので、屋敷登山口からの往復を選択した。

早朝に屋敷登山口に到着。いきなりブナ林の急登が2時間ほども続く。ようやく尾根に取りつくと、やがて前方の視界が開け、赤嵓《あかくら》と呼ばれる大岩壁が見えた。茂った草で切れ落ちた断崖は見えないが、登山道を踏み外したら一気の転落は免れまい。その方面には秋山郷の集落が手に取るように俯瞰できた。

前方に山頂らしきピークが見えると、傾斜がきつくなる。ムジナ平からの登山道を合わせると、山頂はすぐそこだった。12時30分登頂。とにかく暑くて参った。コースタイム4時間のところを6時間もかかってしまった。

山名指標と二等三角点が置かれただけの山頂から、西側に岩菅山らしき山影が霞んで見えたが、東に望めるはずの苗場山は熱気に霞み、まったく見えない。すっかり体力も気力も消耗したので、翌日に予定した秋山郷から苗場山に登る計画は断念するしかなかった。

(日本二百名山、19年8月5日登頂、単独行)

尾根を進むと、前方に赤嵓らしき大岩壁。登山道は左側が切れ落ちているので要注意

中津川の渓流に面した一軒宿は緑色の名湯

屋敷温泉は秋山郷を貫流する中津川の河畔に湧く。以前は民宿も1軒あったが、現在は1919（大正8）年創業の湯元秀清館1軒だけになってしまった。風呂は入口脇に青白い湯の混浴露天岩風呂、館内に透明感のある緑色に変わる湯の男女別内湯があり、かなり熱い源泉かけ流しの名湯が満喫できる。秋山郷には何ヶ所かの温泉が点在しているが、秋山郷に行くと必ず立ち寄る筆者一番の推奨温泉宿だ。奥さんひとりで大変そうだが、なんとか頑張って続けていただきたいと願っている。

鳥甲山　標高2038m

- コースタイム→屋敷温泉から車で5分（徒歩30分）の登山口から、登り4時間・下り3時間
- 2万5千分1地形図／鳥甲山

難易度 ★★☆

屋敷温泉

湯元秀清館 ☎025-767-2168 ◆ 泉質＝含硫黄ーナトリウム・カルシウムー塩化物・硫酸塩泉 ◆ 源泉温度=52.7度 ◆ 鉄道／上越新幹線越後湯沢駅からバス50分の津南町で乗り換え（デマンドバス、前日17時までに要予約 ☎025-766-2949）約1時間15分の屋敷下車、徒歩5分 ◆ 車／関越自動車道塩沢石打ICから約1時間15分

屋敷温泉・湯元秀清館の混浴露天岩風呂

雨飾山《あまかざりやま》と小谷《おたり》温泉

古くから信仰厚い信越国境の双耳峰

雨飾山は、長野県小谷村と新潟県糸魚川《いといがわ》市の県境、頸城《くびき》山塊（妙高連峰）の西端にそびえる双耳峰だ。『日本百名山』の著者深田久弥氏はこの山を深い愛情をもって「久恋《きゅうれん》の山」と書いている。それは新潟県側の梶山新湯（雨飾温泉）からと長野県側の小谷温泉から挑んで2度撤退し、3度目にしてようやく登頂できた山であり、また特別な思い出のある山だからだろう。

筆者が初めて雨飾山に登ったのは2003年秋のことで、長

小谷温泉・大湯元山田旅館の新館の露天風呂

雨飾山　　標高1963m

- コースタイム→小谷温泉から車で20分（徒歩約1時間30分）の雨飾高原キャンプ場登山口から登り3時間30分・下り2時間45分
- 2万5千分1地形図／雨飾山

難易度 ★★☆

小谷温泉

大湯元山田旅館 ☎0261-85-1221◆泉質＝ナトリウム－炭酸水素塩泉◆源泉温度=44.5度（元湯）、48.0度（新湯）◆鉄道／JR大糸線南小谷駅からバス36分、小谷温泉下車すぐ◆車／長野自動車道安曇野ICから約2時間・北陸自動車道糸魚川ICから約1時間10分

猫の耳のような可愛い双耳峰の雨飾山。山名指標のある東峰から西峰を望む

往復の休憩ポイント、荒菅沢で一休み

笹平から岩稜の尾根を荒菅沢へと下る

野県側の雨飾高原キャンプ場から紅葉に染まって登った。次は18年9月、主宰する秘湯ロマンス隊例会で雨飾温泉に泊まった際、有志5人と登った。写真はそのときのものだが、本書の案内はメイン登山口の雨飾高原キャンプ場から。

登山口からしばらく湿原の木道を歩くと、やがて見事なブナ林の道になる。そのブナ林を登り切ると、正面にフトンビシと呼ばれる雨飾山の大岩壁と雨飾山から張り出す急勾配の岩稜が視界に飛び込んでくる。息をのむ絶景だ。

大岩壁に切り込む荒菅沢《あらすげさわ》までいったん下るが、荒菅沢出合《であい》は往復ともに休憩ポイントになっている。一休みして息を整え、さきほど眺望した急登の岩稜に挑む。息せき切って登り詰めた尾根上の小ピークが笹平《ささだいら》。ここからは眼前に広がる笹原の中、正面の雨飾山に向かってのびる一筋の登山道を詰める。途中で、雨飾温泉からの登山道を合わせ、最後に急登を詰めると双耳峰の鞍部に着く。

右が古い石祠がたくさん祀られた西峰、左が山名指標と二等三角点標石がある雨飾山頂の東峰。快晴の日なら正面に白馬岳《しろうまだけ》を頂点とする後立山《うしろたてやま》連峰、北には日本海の大観が望める。

（日本百名山、18年9月16日再訪、同行5名）

自噴泉を守り続ける標高850mの一軒宿の名湯

小谷温泉は1555（弘治元）年に武田信玄の家臣の発見と伝わり、明治末期にドイツで開催された温泉博覧会に登別、草津、別府とともに日本を代表して出泉された輝かしい歴史を持つ古湯だ。かつては数軒の湯宿があったが、現在は老舗の大湯元山田旅館1軒のみ。江戸時代築の木造3階棟も残る国登録有形文化財の宿である。風呂は本館に男女別内湯、別館に男女別の内湯と露天風呂がある。少し離れた場所に建つ雨飾荘は別源泉で、小谷温泉奥の湯を名乗っている。

白馬三山《しろうまさんざん》と鑓《やり》温泉

出迎えは大雪渓と高山植物の花と大パノラマ

白馬岳を最高峰とする後立山連峰は、学生時代からもっとも親しんできた山域で、何度も登っている。「温泉百名山」的には、鑓温泉を要とした白馬三山周遊がゴールデンコースだろう。筆者の場合、かつての登山は栂池《つがいけ》から白馬岳までのアタックや後立山連峰の縦走が主だった。

白馬三山と鑓温泉に絞って歩いたのは2003年の夏のこと。このときは小学校高学年の息子と、高山初体験の事務所スタッフの若い女性との3人旅だったので、余裕あるプランを組み、登山口の猿倉荘に前泊。2日目は白馬大雪渓を登って白馬山荘泊、3日目は鑓ヶ岳《やりがたけ》を経て白馬鑓温泉小屋で1泊する、3泊4日の贅沢な山旅だった。一般的には白馬岳山頂と鑓温泉泊の2泊3日コースだ。

直近では16年9月に秘湯ロマンス隊総勢13人で鑓温泉を目的に登った際、有志で白馬三山から蓮華温泉までの縦走を目論んだが、鑓ヶ岳手前の稜線まで登って強風と時間不足で撤退。18年9月には蓮華温泉から白馬岳に登頂したあと、雪倉岳から朝日岳へ向かった。実は21年に周遊コースの再訪を計画したが、コロナ禍で白馬鑓温泉小屋が休業してしまい、残念ながら叶わなかった。

この周遊コースは、大雪渓、高山植物のお花畑、日本の名だたる名峰の山岳展望、そして極上の温泉と、「温泉百名山」のすべての魅力が凝縮されたベストコースといえよう。

(日本百名山、白馬岳18年9月18～19日再訪、単独行)

鑓温泉から登った稜線で。背後は鑓ヶ岳

鑓ヶ岳。左の谷筋の中ほどに鑓温泉がある

営業わずか2ヶ月間だけの山岳温泉の白眉

鑓温泉は鑓ヶ岳の中腹、標高2100mに湧く全国有数の高所温泉。猿倉から直接めざしても5時間近く本格的な登山を強いられるだけに、自然湧出の源泉をそのまま引き込んだ露天風呂に浸かったときの幸福感は登山に汗した者だけの特典である。風呂は妙高連山を眺望する混浴露天風呂（女性専用時間あり）と囲いのある女性専用があり、源泉かけ流しの湯はかなり熱めだ。宿は山小屋の白馬鑓温泉小屋1軒のみ。営業は夏の2ヶ月間だけで、建物は毎年解体され、翌年組み立て直すという大変な労力には感謝するしかない。

鑓温泉・開放感抜群の混浴露天風呂

白馬三山　標高2932m（白馬岳）

◆ コースタイム→JR大糸線白馬駅からバス30分の猿倉登山口→白馬大雪渓→白馬岳まで登り6時間20分、白馬岳→白馬鑓ヶ岳→鑓温泉まで5時間、鑓温泉→猿倉まで4時間
◆ 2万5千分1地形図／白馬町・白馬岳

難易度 ★★★

鑓温泉

白馬鑓温泉小屋 ☎0261-72-2002（白馬館）◆泉質＝含硫黄ーマグネシウム・カルシウムー炭酸水素塩泉 ◆源泉温度＝43.1度　7月中旬〜9月下旬の営業 ◆鉄道／JR大糸線白馬駅からバス30分の猿倉から登り5時間・下り4時間 ◆車／長野自動車道安曇野ICから猿倉まで約1時間30分

白馬岳の山頂直下から白馬三山の杓子岳と鑓ヶ岳を望む。鑓ヶ岳の中腹に鑓温泉が湧く
※白馬岳＝白馬山荘 ☎0261-72-2002（白馬館）　村営白馬岳頂上宿舎 ☎0261-72-2279（白馬村振興公社）

鹿島槍ヶ岳の登りから見た滝雲が流れる稜線。奥に見えるのは槍ヶ岳の尖峰

鹿《か》島《しま》槍《やり》ヶ《が》岳《たけ》と葛《くず》温泉

後立山連峰でも際立つ双耳峰の名山

筆者にとっての「久恋の山」の1座、鹿島槍ヶ岳に向かったのは2017年7月。すでに百名山に6座同行していた湯友&山友の柴田君に、湯友の鹿野君が初参加。というのも、2人とも大の鹿島アントラーズファンで、「鹿島ファンなら鹿島槍ヶ岳には登っておかないとね」という筆者の口説き文句に乗せられたというわけだ。夜中に爺ヶ岳登山口で待ち合わせ、4時45分に出発。柏原新道経由で種池山荘には9時25分着。コースタイムは約3時間30分。途中で朝食や休憩に1時間ほど費やしていたから上出来である。

鹿島槍ヶ岳　標高2889m

- コースタイム→JR大糸線信濃大町駅からタクシー 30分の爺ヶ岳登山口（柏原新道）から登り4時間30分で冷池小屋、冷池小屋から鹿島槍ヶ岳まで登り2時間20分・下り1時間40分、冷池小屋から登山口までの戻り3時間50分
- 2万5千分1地形図／十字峡・黒部湖

難易度 ★★★

葛温泉

仙人閣 ☎0261-22-3211 ◆ 泉質＝単純温泉 ◆ 源泉温度=80.6度（内湯）ほか ◆ 鉄道／ JR大糸線信濃大町駅からタクシー 20分 ◆ 車／長野自動車道安曇野ICから約45分　※仙人閣から爺ヶ岳登山口まで車で約30分

葛温泉・仙人閣の深山に臨む露天風呂

種池山荘前の超快適な展望テラスで15分休憩後、爺ヶ岳に向かう。雪渓を横切り、急登を経て、爺ヶ岳中峰に11時50分登頂。山頂や下りの道で雷鳥が数羽遊びに出てきて、目の前で砂遊びなどしてまったく逃げないのにはちょっと驚いた。初日の宿泊場所、冷池《つべたいけ》山荘には14時過ぎに入った。

2日目は朝食を弁当にしてもらい、4時40分に出発。鹿島槍ヶ岳を目の前に仰ぎ見る布引山に6時に着いて一息入れ、鹿島槍ヶ岳最高点の南峰には7時8分に登頂した。双耳峰と呼ばれる山は多いが、もっとも有名なのが鹿島槍ヶ岳であろう。山頂からは五竜岳から唐松岳、鑓ヶ岳から白馬岳へと続く白馬三山の後立山連峰の主稜、そして立山《たてやま》連峰、剱岳《つるぎだけ》も一望である。南峰から北峰にもピストンしたが、この吊り尾根は意外にハードで、往復1時間かかった。

この山行では名だたる名峰の大展望以外にも、雷鳥、滝雲、ブロッケン現象と、山の神秘と魅力が満載で、山デビューの鹿野君が山に魅了される条件が揃いすぎた。すっかり山に魅せられ、その後山友として同行するようになるのは、この山行のせいに違いない。（日本百名山、17年7月21～22日登頂、同行2名）

大町温泉郷の湯元でもある山峡の湯

鹿島槍ヶ岳の登山口にもっとも近い温泉といえば大町温泉郷だが、ここは引湯元でもある湯量豊富な葛温泉にしたい。裏銀座縦走コースの入口でもあるが、そちらは湯俣温泉にしたので、鹿島槍ヶ岳と組ませた。温泉の発見は430年ほど前の桃山時代と伝わる古湯で、奥から高瀬館、温宿かじか、仙人閣の3軒の湯宿が点在。鹿島槍ヶ岳登山口に最短の仙人閣は内湯もいいが、渓谷側にある露天風呂が秀逸。深山風景を眺めながらの入浴が魅力で、もちろん源泉かけ流しだ。

布引山から目前に鹿島槍ヶ岳を仰ぎ見る

雪渓が残る登山道の先に爺ヶ岳を眺望

野口五郎岳の山頂は360度の大展望台

花崗岩の尖峰の烏帽子岳は日本二百名山

野口五郎岳《のぐちごろうだけ》と湯俣《ゆまた》温泉

北アルプス裏銀座縦走コースの好展望台

北アルプスの烏帽子岳から野口五郎岳、水晶岳、鷲羽岳、三俣蓮華岳、双六岳を経て槍ヶ岳へ至る縦走路は北アルプス裏銀座縦走コースと呼ばれる。岳人憧れの山域だが、山上で5泊以上を必要とするので、そんなに長期休暇は取れないという人向きに設定したのが、この烏帽子岳から野口五郎岳を経て湯俣温泉に下山する2泊3日コース。宿泊は烏帽子小屋と湯俣温泉に泊まるプランで、登山口の高瀬ダムを早朝に発つのが条件になる。

高瀬ダムまで七倉から乗合タクシーで入り、日本三大急登ともいわれるブナ立《だて》尾根を稜線上に建つ烏帽子小屋まで登る。小屋から烏帽子岳には往復1時間程度だ。2日目は快適な尾根歩き。烏帽子小屋から野口五郎岳までコースタイムは3時間30分。野口五郎岳には10時までに登りたい。野口五郎岳の山頂からは槍ヶ岳を筆頭に、縦走コース方面に水晶岳や鷲羽岳などの名峰が一望できる。

深田久弥氏は『日本百名山』の「黒岳」の項で野口五郎岳を「二千五百メートルを越える厖大な山だが、あんまりズンベラボウ過ぎて取りとめがない」と酷評しているが、日本三百名山に恥じない、展望抜群の立派な山だと思う。

山頂から30分下ったところが、湯俣温泉へ下山する竹村新道が分かれる真砂分岐。この道はアップダウンがきつく、しかも長いと恐れられるタフな道だ。休憩をとりつつ慎重に下りたい。

（日本三百名山、16年8月6日再訪、同行1名）

花崗岩の白さが眩しいコマクサ咲く砂礫地を行く、野口五郎岳手前の展望ルート

3時間歩いて訪ねる秘湯と噴湯丘

湯俣温泉は、高瀬ダムから高瀬川沿いに林道と山道を徒歩約3時間の峡谷の秘湯。野口五郎岳に通じる竹村新道の登山口に山小屋の晴嵐荘が1軒あり、男女別内湯で源泉かけ流しの温泉が堪能できる。もう1つ、湯俣温泉の上流に向かって約30分歩いた渓流沿いにある天然記念物の噴湯丘を探訪するのが大きな魅力。周辺の河原のあちこちから高温の湯が自噴していて、野湯遊びが楽しめるので、それを目当てに訪れる行楽客の姿も多い。晴嵐荘は7月下旬~10月中旬の営業（要確認）。

野口五郎岳　標高2924m

- ◆ コースタイム→JR大糸線信濃大町駅から車（乗合タクシーあり）で30分の七倉から乗合タクシー 10分の高瀬ダムから烏帽子小屋まで5時間30分、烏帽子小屋から野口五郎岳まで3時間30分、野口五郎岳から竹村新道経由湯俣温泉まで5時間30分、湯俣温泉から高瀬ダムまで3時間
- ◆ 2万5千分1地形図／烏帽子岳・槍ヶ岳・大町南部

難易度 ★★★

湯俣温泉

晴嵐荘 ☎090-5535-3667◆泉質＝単純硫黄泉◆源泉温度=50.2度◆鉄道／ JR大糸線信濃大町駅→車で30分→七倉→乗合タクシー 10分→高瀬ダム→湯俣温泉まで徒歩3時間◆車／長野自動車道安曇野IC→七倉まで約1時間

天然記念物の噴湯丘は湯俣温泉のシンボル

燕岳《つばくろだけ》と中房《なかぶさ》温泉

神々しく白く輝く北アルプスの女王

北アルプス三大急登といわれるのは、烏帽子岳へのブナ立尾根、剱岳への早月《はやつき》尾根、そしてもう1つが燕岳への合戦《かっせん》尾根である。ブナ立尾根が裏銀座縦走コースへのアプローチなら、表銀座縦走コースは合戦尾根ということになる。

湯友&山友の柴田君と2人、中房温泉に前泊。翌朝、登山口を6時に出発。それまでにブナ立尾根や剱岳の急登を経験したせいか、合戦尾根はそれほど急登という印象はない。

中房温泉・数ある野天風呂の1つ「月見の湯」

燕岳　標高2763m

- ◆ コースタイム→中房温泉登山口から登り4時間40分・下り3時間10分
- ◆ 2万5千分1地形図／槍ヶ岳

難易度 ★★☆

中房温泉

中房温泉 ☎0263-77-1488◆泉質＝アルカリ性単純硫黄泉◆源泉温度=94.6度（薬師湯1号源泉）ほか　4月下旬～11月上旬の営業◆鉄道／JR大糸線穂高駅からバス40分（4月上旬～11月上旬運転、運転日は事前に安曇観光タクシー ☎0263-82-3113に要確認）の中房温泉下車、徒歩5分◆車／長野自動車道安曇野ICから約1時間

夏にはコマクサが咲く真っ白な砂礫と花崗岩の自然の造形美を眺めて登る燕岳

槍ヶ岳と西鎌尾根の上に顔を出す笠ヶ岳

代表的な奇岩の「イルカ岩」と槍ヶ岳

登山口からベンチの置かれたポイントごとで律儀に休憩をとり、合戦小屋には9時30分に着いた。筆者としてはまずまずのペースだ。合戦小屋まではずっと樹林帯の登りだが、小屋の上からは視界が徐々に開け、槍ヶ岳の尖峰も顔を出す。やがて、前方に燕山荘《えんざんそう》から燕岳までの稜線が姿を現した。11時25分、燕山荘に到着。ここから燕岳までは片道約40分だから、時間はたっぷりある。

燕岳は露出した花崗岩と白い砂礫の特徴的な山で、その美しい山容から「北アルプスの女王」と呼ばれる。北アルプス入門の山、表銀座縦走コースの始まりの山として人気がある。筆者は大学時代以来の再訪だったが、山の印象はまったく変わらず、記憶に鮮明だった。惜しむらくは、この日は曇天で、陽光を浴びて純白に輝く燕岳の美しさを拝せなかったことだが、それでも高曇りで視界は遠くまで届いた。燕岳からの眺望では、槍ヶ岳から西鎌尾根を経て裏銀座の峰々が特に印象に残ったが、その稜線の奥に笠ヶ岳を見つけたときは嬉しかった。

下り坂の天候が気になったが、評判の燕山荘を予約していたので、予定通り泊まった。翌朝起きてみると、案の定、外は初雪で真っ白。合戦小屋までの下りはちょっと難儀した。

（日本二百名山、19年10月21～22日再訪、同行1名）

燕岳の登山口に湧く膨大な湯量を誇る古湯

中房温泉は、1821（文政4）年の開湯と伝わる。北アルプス表銀座縦走コースの登山口に湧き、かのウェストンも訪れた名湯である。規模の大きい一軒宿で、登山には無縁の温泉目当ての湯客も多い。登録源泉数29ヶ所という膨大な湯量の自噴泉に恵まれ、各種の内湯や露天風呂が14ヶ所。1泊で入りきるのは至難の業だろう。下山後は、併設の日帰り用施設「湯原の湯」の利用が便利だ。

槍《やり》ヶ《が》岳《たけ》と上《かみ》高《こう》地《ち》温泉

遠くの山からでも一目でわかる岳人憧憬の金字塔

前年の奥穂高岳に続いて、「休暇村山岳愛好会」チームからのお誘いを受け、未登だった槍ヶ岳に挑んだ。槍ヶ岳は、富士山と並ぶ日本の山の双璧だ。各地に○○富士、○○槍という山があるのは、この名山を彷彿させるからだ。ちなみに、槍ヶ岳開山は1828（文政11）年、播隆《ばんりゅう》上人によって成された。

大病から4年目、知床の羅臼岳に登頂したその4日後、チームの先発隊とともに上高地から3時間のロードを歩き、横尾山荘に前泊した。上高地から1日で槍ヶ岳山荘まで到達する自信がなかったからである。

2日目はよく晴れたが、槍沢《やりさわ》のU字谷が西に大きく曲がる地点でガスが発生。みるみる行く手の槍沢と登山道を覆い隠してしまった。播隆上人が槍ヶ岳開山の拠点にしたという坊主ノ岩小屋を過ぎると、さらに堆石《たいせき》の斜面がきつくなる。晴れていれば槍ヶ岳が目前のはずだが、まったく見えない。槍ヶ岳山荘手前で、上高地を朝発った酒井隊長ら一行に追い越された。驚くべき体力とスピードである。相当に消耗したが、牛歩のごとき歩みで、なんとか槍ヶ岳山荘に到着した。

翌朝、星空を見上げながらヘッドランプを点け、朝食前に大槍《おおやり》の急峻な岩場に挑んだ。最後に垂直のハシゴをよじ登ると、山頂では感動の御来光が待っていた。万感の思いで大展望を目にしたが、この時点ではまだ「日本百名山」完登の志は萌《きざ》していなかった。（日本百名山、15年9月3～5日登頂、同行11名）

標高3180mの天を突き上げる槍ヶ岳の山頂

槍沢を詰めると山頂まで長い急登が始まる

かの播隆上人も入湯した可能性が高い名湯

上高地に温泉が湧いているのを知らない人がいるかもしれない。しかし、この温泉の歴史は古い。一軒宿の上高地温泉ホテルの創業は1830（文政13）年とされるが、新田次郎著『槍ヶ岳開山』の中に「上口地（上高地）の湯屋へ行く。そこで上人様を待っていて貰う…」というくだりがある。それから推すと、槍ヶ岳開山以前にすでに湯屋があったようである。時代は下って、いまは立派なリゾートタイプの湯宿になったが、伝統の湯は脈々と受け継がれている。風呂は男女別に源泉かけ流しの内湯と露天風呂があり、日帰り入浴も受け付ける。

上高地温泉・上高地温泉ホテルの露天風呂

槍ヶ岳　標高3180m

- コースタイム→沢渡バスターミナルからバス40分の上高地から登り9時間30分・下り8時間　※往路は横尾山荘か槍沢ロッヂに前泊すれば余裕のあるプランが組める
- 2万5千分1地形図／穂高岳・槍ヶ岳

難易度 ★★★

上高地温泉

上高地温泉ホテル ☎0263-95-2311 ◆ 泉質＝単純温泉 ◆ 源泉温度=45.2度 ◆ 鉄道／アルピコ交通上高地線新島々駅からバス1時間3分（沢渡バスターミナルから38分）の帝国ホテル前下車、徒歩7分 ◆ 車／長野自動車道松本ICから約40分の沢渡バスターミナルでバスに乗り換え

山頂直下の堆石を踏みしめての急登。前方の稜線に槍ヶ岳山荘、右に大槍の尖峰

焼《やけ》岳《だけ》と中《なか》の湯《ゆ》温泉

登山道は焼岳南峰と北峰の鞍部から右へ、噴煙の下をトラバースして北峰に回り込む

噴煙立ち昇るアルプス唯一の活火山

名勝上高地に欠かせない景観の１つが大正池と焼岳だ。大正池は１９１５（大正４）年の焼岳の爆発で発生した泥流が梓《あずさ》川を堰き止めて出現した池である。日本には激しく噴煙を上げる山がいくつもあるが、その代表格が焼岳だ。

この山には２００３年秋に中の湯温泉に前泊し、焼岳に登って上高地に下山したのが初訪である。このときは出発が遅れたのと上高地までの長い下山に手間取り、上高地に着いたのが夕方。すでに路線バスが終了していて、やむなくタクシーで戻るしかなかったという苦い経験がある。

焼岳　標高2393m（北峰）

- ◆ コースタイム→中の湯温泉から登り3時間20分・下り2時間30分　※バリエーションコースとしては、焼岳から上高地への下山は約2時間40分、新穂高温泉の中尾高原への下山は約3時間30分所要
- ◆ 2万5千分1地形図／上高地・焼岳

難易度 ★★☆

中の湯温泉

中の湯温泉旅館 ☎0263-95-2407◆泉質＝単純硫黄泉◆源泉温度=55.1度◆鉄道／アルピコ交通上高地線新島々駅からバス50分の中の湯下車（バス停から送迎車で10分、要予約）◆車／長野自動車道松本ICから約1時間

中の湯温泉・中の湯温泉旅館の露天風呂（男湯）

次に登ったのは18年の夏、再撮が目的の登山だった。3000m級の高峰が連なる北アルプスにあって、焼岳の標高は2500mにも満たない。それでも「日本百名山」に選定されているのは、それだけの魅力のある山だからである。深田久弥氏は「焼岳は付近の群雄に比べたら、取るに足らぬ小兵《こひょう》かもしれぬ。だがこの小兵は他に見られぬ独自性を持っている」と評した。事実、1962（昭和37）年にも大爆発しているし、油断のならない小兵なのだ。

山腹の樹林帯、笹原に覆われた中腹、一変してガレた岩場が露出する山頂部、そしていまなお活発に噴煙を上げる孤高の活火山としての存在感と山頂からの大パノラマ。そこには変化に富んだアルペンの魅力が凝縮されている。

下から見上げただけではよくわからないが、実は焼岳も見事な双耳峰である。最高点の標高2455mの南峰は登山禁止で、登頂は62m低い北峰になるが、笠ヶ岳、槍・穂高連峰、眼下には上高地や奥飛騨温泉郷のある峡谷を一望する素晴らしい展望が広がっている。登山口から3時間半弱でこれだけの魅力が堪能できる山はそうはない。

（日本百名山、18年7月25日再訪、単独行）

北アルプスの四季を一望にする山岳温泉

中の湯温泉旅館は1915（大正4）年創業の一軒宿だ。以前は釜トンネル入口近くの梓川右岸にあったが、安房《あぼう》トンネル建設中の水蒸気爆発の影響で、国道158号の安房峠寄りの現在地に新築移転した。前面に霞沢《かすみざわ》岳、左奥に穂高連峰を眺望する抜群のロケーションで、大きなガラス窓を採用したロビーからも男性用露天風呂からも絶景が堪能できる。女性用の露天風呂は裏手の深い森に臨み、時折ニホンカモシカが覗きに来ることもあるという仙境の湯である。

焼岳北峰の頂上から上高地方面を俯瞰

樹林帯先の笹原から望む双耳峰の焼岳

登山者で賑わう標高3026mの乗鞍岳剣ヶ峰

剣ヶ峰直下の権現池と御嶽山方面の眺望

乗鞍岳《のりくらだけ》と白骨《しらほね》温泉

晴天ならば容易に登れる眺望絶佳の3000m峰

乗鞍岳は、長野県側と岐阜県側から山岳観光道路が開通したことにより、標高2700mの畳平《たたみだいら》まで歩かずに行けることになった。畳平と最高点の剣ヶ峰までの標高差はわずか326m。天候さえよければ、わずか2時間足らずで登頂できる、もっとも簡単に登れる3000m峰となったわけだ。

乗鞍岳は大小23の峰と7つの湖沼、8つの平原からなる成層火山で、複雑な要素と地形を有した独立峰。夏期には畳平や剣ヶ峰にかけての斜面に多彩な高山植物の花が咲き競い、周辺の逍遥だけでも十分に楽しめる自然環境にある。

剣ヶ峰へは、畳平から鶴ヶ池の南側の車道を、肩ノ小屋まで歩く。ここまで約40分。この先からようやく広々とした斜面の急坂の登山道になる。火山性の溶岩や砂礫の道を登り詰め、尾根上の蚕玉岳《こだまだけ》から眼下に火口湖の権現池を俯瞰。頂上小屋の前を通りすぎると、ほんのひと登りで鳥居、乗鞍本宮奥宮（飛騨側）と朝日権現社（信州側）、山名指標がある乗鞍岳最高点の剣ヶ峰に到達する。

山頂からの展望は抜群で、槍・穂高連峰、焼岳、笠ヶ岳を間近に、南・中央アルプス、八ヶ岳連峰、さらに御嶽山《おんたけさん》や白山《はくさん》、富士山までも視界に入る。これだけの高峰の魅力を手軽に享受できる山は、乗鞍岳以外にはないだろう。とはいっても、3000mを超える高山だ。それなりの山支度と、なによりも晴天の日を選ぶことが肝要だ。

（日本百名山、16年9月4日登頂、単独行）

大斜面の急登を経て尾根上の蚕玉岳に立てば、乗鞍岳最高点の剣ヶ峰は目前だ

魅了される乳白色の湯と析出物の造形美

乗鞍山麓には長野・岐阜両県とも名湯が数多く湧出し、選ぶのに迷うが、ここは乗鞍岳中腹に泉源がある名湯白骨温泉を推す。江戸時代から湯治場として栄え、湧出時は無色澄明でも時間の経過とともに乳白色を呈す美しい温泉が特徴だ。その濃厚な成分が湯船に凝固する様を白船、のちに中里介山の『大菩薩峠』で白骨と登場したことからこの温泉名が定着したという。推奨宿は筆者が湯宿ベストスリーに挙げる小梨の湯笹屋だ。この風呂は、もはやアートの範疇《はんちゅう》に入ると思う。

乗鞍岳　標高3026m

◆ コースタイム→乗鞍高原（観光センター前）からバス50分（7 ～ 10月運転）の乗鞍山頂（畳平）から登り1時間50分・下り1時間30分　※平湯温泉から畳平までバス1時間
◆ 2万5千分1地形図／乗鞍岳

難易度 ★☆☆

白骨温泉

小梨の湯笹屋 ☎0263-93-2132 ◆ 泉質＝含硫黄ーカルシウム・マグネシウムー炭酸水素塩泉 ◆ 源泉温度=33.3度（熱交換後52.5度）◆ 鉄道／アルピコ交通上高地線新島々駅からバス約1時間の泡の湯下車、徒歩2分 ◆ 車／長野自動車道松本ICから約1時間　※乗鞍高原まで車で約15分

白骨温泉・小梨の湯笹屋の半露天風の内湯

岩菅山《いわすげやま》と発哺《ほっぽ》温泉

高山植物の花咲く尾根歩きと三角形の名峰

標高２２９５ｍの岩菅山は、奥志賀の盟主と言っていい。志賀高原の最高峰は２３０５ｍの横手山だが、この山は山頂までリフトで登れる山と化したので、登山者の登高意欲をかきたてる山は、志賀高原ではこの岩菅山が筆頭である。

白砂山から下山後に湯田中まで移動し、翌早朝に志賀高原の高天ヶ原《たかまがはら》で湯友&山友の柴田君と待ち合わせた。ここから東《ひがし》館山《だてやま》まで歩いて登るつもりだったが、この日は真夏の暑さが気

発哺温泉・ホテルひがしだての展望露天風呂

岩菅山 標高2295m

- ◆ コースタイム→発哺温泉から東館山ゴンドラリフト7分（運行についての照会は東館山ゴンドラリフト ☎0269-34-2231）の東館山山頂駅から岩菅山まで3時間15分・岩菅山から下り一の瀬まで3時間
- ◆ 2万5千分1地形図／岩菅山

難易度 ★★☆

発哺温泉

ホテルひがしだて ☎0269-34-2534 ◆ 泉質＝単純硫黄泉 ◆ 源泉温度＝57.0度 ◆ 鉄道／長野電鉄湯田中駅からバス30分の蓮池で乗り換え10分の発哺温泉下車、徒歩1分 ◆ 車／上信越自動車道信州中野ICから約1時間

前方に岩菅山の秀峰を望みつつ、初夏から夏は高山植物の花が彩る尾根を行く

山頂直下で歩いて来た稜線を振り返る

高山植物の花も見られる山頂直下の急登

になった。最初からの体力消耗は得策ではないと判断し、発哺温泉から東館山へ架かるゴンドラリフト8時30分の始発に乗るプランに変更した。

ゴンドラリフト7分の東館山山頂駅から高山植物園内を下り、寺小屋スキー場のゲレンデ内を登ってリフト終点右手から登山道に入る。樹林帯を寺小屋山、金山沢ノ頭《かしら》と越え、正面に岩菅山を望みながらの快適な尾根歩きだ。東南が開け、魚野川の峡谷を挟んで白砂山から苗場山へと続く上信越国境の山々が連なる。

筆者は2003年以来の再訪だったが、高山植物の花咲くいくつもの小ピークを越える尾根歩きの楽しかった印象は鮮明に覚えていた。いったん樹林帯に入って下ると、一ノ瀬ルートが分岐するノッキリ。ここから山頂までは約40分の急登だ。途中で振り返ると、東館山から歩いてきた稜線が一望になる。

岩菅山の山頂部は意外に広く、立派な石祠や一等三角点標石、避難小屋もある。北には吊尾根の先に岩菅山よりも46m高い裏岩菅山が続いている。

ノッキリまで戻り、一ノ瀬をめざして下る。樹林帯をひたすら下り、最後に急下降してアライタ沢を渡ると、その先は上条用水路に沿ったほぼ平坦の道が一ノ瀬まで延々と続いている。

（日本二百名山、20年8月9日再訪、同行1名）

北アルプスを望む標高1600mの高所温泉

江戸末期開湯と伝わる志賀高原最古の温泉。高温の蒸気に山水を通した造成泉で、その蒸気の噴出する音が発哺温泉名の由来だ。代表的な老舗旅館2軒が廃業したまま放置されているので廃れた印象は否めないが、東館山ゴンドラリフトが発着する奥志賀観光の中心は変わらない。立ち寄り入浴も可のホテルひがしだてなど数軒の宿があり、岩菅山登山を絡めての1泊プランがおすすめだ。

奥《おく》志《し》賀《が》山《やま》と熊《くま》の湯《ゆ》温泉

四十八池《しじゅうはちいけ》と大沼池を俯瞰する初級者コース

志賀高原の魅力は湖沼と湿原、高原と山、それに温泉。その魅力を満たすのが、この四十八池と奥志賀山・志賀山コースだ。北側の大沼池から四十八池へ歩くコースも人気だが、今回は車なので硯川《すずりかわ》からの往復プラン。メンバーは大学時代の部活の先輩の前田暎子さんと山崎恭子さん。久々に温泉と高原を満喫したいというおふたりの希望で、山の苦手な板倉君も高原ならばと渋々参加した。

硯川からはサマーリフトで前山に登れば、あとはほとんど平坦路。道の整備状態も良好で、ファミリーにも向く初級者コースだ。途中、左に志賀山への道を分けると間もなく四十八池の南端に着いた。志賀山南麓の標高１８８０ｍ付近に広がる四十八池は、池塘をちりばめた高山植物の宝庫の高層湿原である。

湿原を縦断したところで、３名は山登りを固辞。熊の湯温泉で待ち合わせることにし、単身、裏志賀山に向かった。急登の途中から振り返ると、四十八池と横手山方面の山々が一望できた。標高２０３７ｍの裏志賀山へは縦走路から北に10分弱登るが、大沼池や岩菅山方面の展望が楽しめる。

縦走路に戻り、志賀山へはいったん鞍部へ下ってから登り返す。三角点標石が置かれた志賀山は標高２０３５ｍ、正面に横手山を望む。志賀山からの下りは岩が露出した急坂で、慎重に下り切って針葉樹林帯に入ると、まもなく行きに通ったルートに合流する。

（20年7月31日再訪、四十八池まで同行3名）

三角点標石がある志賀山から横手山を望む

奥志賀山の展望所から大沼池と岩菅山方面

神秘的で魅惑的な緑色に変化する名湯

熊の湯温泉はかの佐久間象山《しょうざん》が松代《まつしろ》藩士のとき、山廻《やままわり》役として志賀高原の調査に赴いた際に発見したと伝える古湯だ。発哺温泉と双璧の志賀高原の温泉の草分けである。硯川《すずりかわ》地区には数軒の湯宿があるが、熊の湯温泉と沢を挟んだ国道側はほたる温泉と区別して呼び、熊の湯温泉は老舗の熊の湯ホテル１軒のみを指す。大規模な鉄筋建築の宿だが、浴場棟は木造の古風な造りのままで、いい感じだ。自家源泉の熊の湯ホテルの湯は、濃い緑色に変化する類い稀な名湯で、総木造りの内湯と露天岩風呂で堪能できる。日帰り入浴も受け付けている。

熊の湯温泉・熊の湯ホテルの風情ある内湯

奥志賀山　標高2037m

- コースタイム→熊の湯温泉から四十八池経由で奥志賀山まで2時間・奥志賀山から志賀山経由で戻り2時間　※大沼池入口→大沼池→四十八池＝2時間30分
- 2万5千分1地形図／岩菅山

難易度 ★☆☆

熊の湯温泉

熊の湯ホテル ☎0269-34-2311◆泉質＝含硫黄ーカルシウム・ナトリウムー炭酸水素塩・硫酸塩泉◆源泉温度=48.2度◆鉄道／長野電鉄湯田中駅からバス40分、熊の湯下車すぐ◆車／上信越自動車道信州中野ICから約1時間

木道が敷設された四十八池を行く。背景の山は右が奥志賀山、左が志賀山

浅《あさ》間《ま》山《やま》と天《てん》狗《ぐ》温泉

切れ落ちた崖を隔てて噴煙上げるお釜を左に、前掛山への火山砂礫の道を登る

噴煙上げる活火山の登山は前掛山《まえかけやま》まで

長野・群馬の県境にそびえる浅間山は、いまなお激しく噴煙を上げる日本を代表する活火山である。しばしば噴火活動を繰り返し、「噴火警戒レベル1」で初めて山頂目前の前掛山までの登山規制が解除されるが、規制中が多い。

「温泉百名山」選定登山の際は規制が長期に及んでいたので、黒斑山《くろふやま》を頂点とする外輪山を充てるつもりだった。ところが、「噴火警戒レベル1」になったという情報を得て、即時に前掛山登頂を決断。小諸《こもろ》市内の中棚温泉・中棚荘に前泊したが、急遽、富岡洋子女将が同行することになった。

浅間山　標高2524m（前掛山）

- ◆ コースタイム→天狗温泉から湯の平口（車坂峠から草すべり経由で2時間）、賽の河原分岐（車坂峠から外輪山経由で3時間）経由で前掛山まで登り4時間・下り3時間
- ◆ 2万5千分1地形図／車坂峠

難易度 ★★☆

天狗温泉

浅間山荘 ☎0267-22-0959 ◆ 泉質＝単純鉄（Ⅱ）冷鉱泉 ◆ 源泉温度=8.5度 ◆ 鉄道／北陸新幹線佐久平駅からバス40分の浅間登山口下車、徒歩1時間（宿泊客はしなの鉄道・JR小海線小諸駅から送迎車で約30分、要予約）◆ 車／上信越自動車道小諸ICから約25分

天狗温泉・浅間山荘の1階の内湯

早朝に登山口の天狗温泉の駐車場に着き、すぐに出発する。林間ルートを順調に登り、休憩ポイントの火山館に2時間で到着。ここで、一息入れた。

火山館から5分で、外輪山のトーミの頭に結ぶ登山道が分岐する湯の平口。そこから山腹の緩やかな勾配になり、1時間余歩いてカラマツ林を抜けると、外輪山のJバンドへ向かう道と前掛山ルートが分岐する賽の河原。ここから前掛山まで約1時間30分の登りだ。路線バスがある車坂峠からトーミの頭に登って草すべり経由湯ノ平口か、外輪山を縦走して賽の河原で合流するルートもある。

前掛山への登山道に入ると、やがて浅間山西斜面の火山礫の急登になる。日差しを遮るもののない斜面なので、夏場はきつい登りだ。対面に連なる外輪山がみるみる低く見えてくる。ひとしきり登ると、山頂のお釜に続く火山岩の斜面がすぐ目の上に迫る。お釜まで登ってみたい衝動に駆られるが、ここは登山禁止なので自重するしかない。右に方向を変えた登山道は、間もなく非常時用シェルターに着く。ここから火山灰の尾根を20分ほどで、前掛山に登頂だ。

同行の富岡女将、実はアルプスにも頻繁に登っているアスリート。常に数十m先行するタフさには感嘆した。（日本百名山、18年9月6日登頂、同行1名）

浅間山登山口に湧く鮮烈な赤い色の温泉

天狗温泉は、小諸市街から車坂峠に結ぶチェリーパークラインの途中から林間の山道を4km分け入った浅間山登山口に湧く。宿は浅間山荘1軒で、コテージもあり、乗馬体験も楽しめる。この山域に精通する館主の話を聞きながら、美人女将が作る山菜やキノコ料理を味わってみたい宿である。風呂は男女別内湯が1階（日帰り客に開放）と2階にあり、鮮やかな赤い色の温泉が堪能できる。

前掛山の山頂で中棚荘の女将と記念撮影

前掛山の直前にある非常時用のシェルター

東篭の塔山から望む水の塔山と浅間山

東篭の塔山の登りから池の平湿原を俯瞰

東篭《ひがしかご》の塔山《とうやま》と高峰《たかみね》温泉

大パノラマが望める初級者向きの人気の山

東篭の塔山は、長野県東御《とうみ》市と群馬県嬬恋村の境を成す山で、山頂からの大展望が素晴らしく、ハイキング気分で周遊できるので人気がある。なお、国土地理院作製の地形図では「東篭ノ登山」としているが、山頂標示は「東篭の塔山」しかないので、これを採用した。ちなみに、一等三角点名は「篭塔山」である。

筆者は高峰温泉とこの山域が大好きなので、東篭の塔山には、単独、大学の部活の先輩たち、秘湯ロマンス隊の例会、またカルチャーセンターの生徒らの引率など、過去に何度も登っている。直近は2022年8月24日だ。

路線バスの終点でもある高峰温泉から周遊コースを採る。先に林道を兎平《うさぎだいら》登山口まで歩く。兎平は高山植物の宝庫の池の平への入口でもある。登山口からしばらくは針葉樹林の中。抜け出すと岩屑を敷き詰めたような急登になり、登山口から小1時間で東篭の塔山に登頂。山頂は2300mにも届かないが、展望は雄大だ。南から南東にかけて北アルプスから八ヶ岳連峰、富士山も顔を出す。北は長く裾野を引く四阿山《あずまやさん》、東はこれから行く水の塔山、その背後は浅間山だ。

東篭の塔山から水の塔山へは、小さなアップダウンを重ねる快適な尾根歩きで、南側に赤土の斜面がなだれ落ちた赤ゾレと呼ばれるガレ場もある。水の塔山からは眼下に高峰温泉、その背後に高峯山《たかみねやま》を眺めながら岩場からカラマツ林の中を下って行くと、高峰温泉の前に出る。

（22年8月24日再訪、同行1名）

岩屑を積み上げたような東篭の塔山の山頂。快晴の日には富士山もくっきりと望める

標高2000mの爽快な高原の温泉

ランプの宿 高峰温泉はカラマツ林の中に建つ一軒宿。小諸市街を眼下に、八ヶ岳連峰から中央アルプスまでが視界に入る抜群のロケーションにあり、一段高い場所に造られた「標高2000m雲上の野天風呂」は天下一品だ。館内には2ヶ所の男女別内湯があり、湯船を仕切って加温適温と源泉そのままをかけ流す湯の交互浴がこの宿の入浴法。池の平湿原自然観察会、星の観望会、冬はスノーシュートレッキングなど、高峰高原の自然に精通したスタッフが案内するイベントも好評だ。

東篭の塔山　標高2228m

- ◆ コースタイム→高峰温泉から兎平登山口経由で東篭の塔山まで2時間20分・東篭の塔山から水の塔山経由で高峰温泉まで1時間30分
- ◆ 2万5千分1地形図／車坂峠

難易度 ★☆☆

高峰温泉

ランプの宿 高峰温泉 ☎0267-25-2000◆泉質＝含硫黄ーカルシウム・ナトリウムー硫酸塩・炭酸水素塩泉◆源泉温度=36.0度◆鉄道／北陸新幹線佐久平駅からバス約1時間10分、高峰温泉下車すぐ◆車／上信越自動車道小諸ICから約40分　※高峰温泉から兎平登山口駐車場まで約10分

ランプの宿 高峰温泉の雲上の野天風呂

天《てん》狗《ぐ》岳《だけ》と奥《おく》蓼《たて》科《しな》温《おん》泉《せん》郷《きょう》

八ヶ岳連峰の南北を分ける関門の双耳峰

北八ヶ岳の盟主といえば、八ヶ岳連峰のちょうど中間付近にそびえる双耳峰の天狗岳だ。ベースとなる温泉は、西に奥蓼科温泉郷と尾根を隔てて唐沢温泉、東に下ると本沢温泉がある。ここでは、バス便がある（ただし本数は少ない）奥蓼科温泉郷の渋の湯温泉から黒百合平を経て東天狗岳に登り、東天狗岳からは西天狗岳を経て唐沢温泉に下山するコースを選んだ。

北八ヶ岳の美の象徴であるシラビソやモミなどの針葉樹林と

渋の湯温泉・渋御殿湯の足元湧出泉「長寿湯」

天狗岳　標高2646m

- コースタイム→渋の湯温泉から東天狗岳まで4時間・東天狗岳から西天狗岳経由で唐沢温泉まで2時間20分
- 2万5000の1地形図／八ヶ岳西部・蓼科・松原湖

難易度 ★★☆

奥蓼科温泉郷

渋の湯温泉・渋御殿湯 ☎0266-67-2733◆泉質＝単純酸性硫黄泉◆源泉温度=31.0度（渋長寿湯）ほか◆鉄道／JR中央本線茅野駅からバス約1時間の渋の湯下車すぐ◆車／諏訪ICから約40分。唐沢温泉・唐沢鉱泉 ☎0266-76-2525◆泉質＝単純二酸化炭素冷鉱泉◆源泉温度=10.2度◆鉄道／JR中央本線茅野駅から送迎車で約40分（要予約）

南側から見た双耳峰の天狗岳。右が東天狗岳、左が標高2646mの最高点の西天狗岳

東天狗岳の登りから北方の蓼科山方面

東天狗岳から南八ヶ岳の主脈を眺望

林床を覆う青苔、そして天狗岳から望む八ヶ岳連峰の大観が魅力のコースである。

渋の湯温泉の奥で沢を渡って登山道に入ると、あとは長い樹林帯の中をひたすら登る。天気がよければ、木漏れ日が針葉樹林と青苔の幻想的な風景を見せてくれる。唐沢温泉からの道を合わせ、岩がゴロゴロしてくると、木道も現れる。雨などで濡れていると非常に歩きにくく、転倒に要注意の路面になる。うんざりしてくる頃、ようやくファンの多い山小屋が建つ黒百合平に到着。軽食や飲み物を提供しているので、小屋の前のベンチは休憩する人でいつも賑わっている。

黒百合平で登山道が二手に分かれるが、ここは中山峠方面へ。峠で右に折れてしばらく行くと尾根道になり、ゴロゴロした岩を乗り越えながらの急登だ。

登り詰めたところが東天狗岳。南八ヶ岳の主脈の大パノラマに息をのみ、振り返るとたおやかな峰の蓼科山が印象的だ。最高点の西天狗岳は縦走路から逸れ、いったん鞍部に下って登り返すが、わずか15分ほどで着く。西天狗岳から唐沢温泉へのルートは岩を積み上げたような急峻な下りがあり、転倒に要注意だ。

実は20年8月にも再撮を試みて湯友2人と登ってみたが、悪天候のため黒百合平までで撤退した。

（日本二百名山、15年6月28日再訪、同行4名）

好みで選びたい足元湧出泉と二酸化炭素泉

渋の湯温泉は武田信玄の隠し湯といわれる古湯で、冷泉ながら効能が謳われてきた。現在、宿は渋御殿湯のみで、足元湧出泉「長寿湯」は男湯にしかなく、ほかには古くからの源泉浴槽「渋御殿湯」と加温浴槽がある。唐沢温泉は宿名を唐沢鉱泉とする一軒宿で、冷泉ながら二酸化炭素泉の療養泉だ。また「日本秘湯を守る会」会員宿で、名物の猪鍋もあり、湯宿としてのクオリティも高い。

八《や》ヶ《つ》岳《がたけ》と本《ほん》沢《ざわ》温泉

南北に主稜を縦走して本沢温泉へと下る王道コース

比較的アクセスも良い八ヶ岳連峰は、本格的な登山を目指す人たちの登竜門のような存在だ。標高２８９９ｍの赤岳を盟主とするアルペン的な岩稜が連なる八ヶ岳南部から北部との中間付近に湧く本沢温泉へ縦走するコースが、八ヶ岳連峰の魅力を最大限に体感できるゴールデンコースといえよう。

美濃戸口から林間を緩やかに登り、行者小屋から地蔵尾根の急登を経て稜線に立てば、宿泊する赤岳天望荘は目と鼻の先だ。そこから赤岳は登り40分・下り30分。早朝に往復して、八ヶ岳主稜を北に縦走する。岩峰の横岳に難所がある程度で、あとは快適な稜線歩きだ。葺石《ふきいし》で覆ったような硫黄岳に立つと、爆裂火口跡の下に本沢温泉の野天風呂も見える。あとは夏沢峠で縦走路と別れて本沢温泉に下るだけ。その日のうちに本沢温泉に入湯して下山することも可能だが、ここは本沢温泉にもう１泊する２泊３日プランが理想的だ。

八ヶ岳は大学時代から何度となく登ったが、このコース通りに歩いたのは２００３年秋。その後も11年10月に赤岳鉱泉から地蔵尾根経由で赤岳、15年６月に本沢温泉から天狗岳、直近は16年８月の赤岳鉱泉から硫黄岳を経て赤岳までの縦走。記憶に鮮明なのは11年10月の大学の部活の先輩たち８人との山行で、体調は絶不調。赤岳までは気力で登ったが、下山は苦戦した。案の定、翌月に悪性リンパ腫と診断された。

（日本百名山、16年８月26～27日再訪、同行４名）

八ヶ岳南部の北端に位置する硫黄岳の山頂

行者小屋から稜線目指して登る地蔵尾根

標高日本一を謳う人気の野天風呂

本沢温泉は、硫黄岳中腹に湧く八ヶ岳南北の登山基地に好適の一軒宿の秘湯で、通年営業の温泉付きの宿としては日本最高所にある。人気は宿から少し離れた硫黄岳の爆裂火口跡を見上げる急斜面に設けられた混浴野天風呂。通年営業では日本一の標高２１５０ｍにあり、湯船があるだけで脱衣所もないが、ここを目的で訪れる温泉ファンも多い。一方、男女別の木造りの内湯は野天風呂とは泉質の異なる源泉温度53・1度のナトリウム・カルシウム－硫酸塩・炭酸水素塩泉。もちろん源泉かけ流しだ。宿は相部屋基本の山小屋だが、個室仕様の別館もある。

本沢温泉・標高2150mにある混浴野天風呂

八ヶ岳　標高2899m（赤岳）

- ◆ コースタイム→JR中央本線茅野駅→バス45分→美濃戸口→5時間10分→赤岳（往復）、赤岳天望荘→4時間→本沢温泉→2時間→稲子湯温泉→バス45分→JR小海線小海駅
- ◆ 2万5千分1地形図／八ヶ岳東部・八ヶ岳西部・蓼科

難易度 ★★★

本沢温泉

本沢温泉 ☎090-3140-7312 ◆ 泉質＝酸性・含硫黄－カルシウム・マグネシウム－硫酸塩泉（野天風呂）◆ 源泉温度=40.8度（野天風呂）◆ 鉄道／JR小海線小海駅からバス45分の稲子湯温泉から徒歩約3時間 ◆ 車／中央自動車道小淵沢ICから約2時間の本沢入口から徒歩約2時間

地蔵尾根を登り切った稜線からは、盟主赤岳と山小屋の赤岳天望荘が目前に見える

塩見岳《しおみだけ》と鹿塩《かしお》温泉

二等三角点標石がある塩見岳西峰から5m高い最高点の東峰と富士山を望む

塩見岳　標高3052m

- ◆ コースタイム→中央自動車道松川ICから車で約1時間30分の鳥倉ロゲート（夏期だけ登山バスあり、伊那バス ☎0265-36-2135）から登り8時間40分・下り7時間20分
- ◆ 2万5千分1地形図／塩見岳・信濃大河原・鹿塩

難易度 ★★★

鹿塩温泉

湯元山塩館 ☎0265-39-1010 ◆ 泉質＝含硫黄ーナトリウムー塩化物強塩冷鉱泉 ◆ 源泉温度=12.8度 ◆ 鉄道／JR飯田線伊那大島駅からバス40分の鹿塩下車、徒歩8分（中央高速バス松川インターからも乗れる）◆ 車／中央自動車道松川ICから約45分　※鳥倉ロゲートまで車で約40分

湯元山塩館の源泉浴槽もある「天然石の湯」

南アルプスの中央部に屹立する孤峰

南アルプスは日本アルプスの中ではもっともタフな山脈で、1つの峰から次の山に登るのに鞍部まで標高差500mくらい下っては登り返す、その繰り返しといった感じである。山塊は白根三山、仙丈ヶ岳、甲斐駒ヶ岳と続く北部と、荒川三山から赤石《あかいし》岳、聖《ひじり》岳から光《てかり》岳まで続く南部とに二分されて登られている。大学時代の部活では、2年秋のリーダー養成山行のステージはこの南アルプスが常で、筆者は2年時に南部、3年時に北部を縦走したが、塩見岳はちょうど北部南端の中間付近にそびえる孤高の3000m峰という印象である。

湯友&山友の柴田君と、52年ぶりの塩見岳に挑んだ。計画は余裕の2泊3日プランで、手前のゲートまで車で行ける大鹿村の鳥倉登山口から入山した。ゲートを11時に出発し、尾根上に建つ三伏峠小屋には16時過ぎに着いた。

2日目は3時半過ぎにヘッドランプで出発。本谷山付近で夜が明け、樹間越しに塩見岳が見えるようになった。長い樹間ルートを抜け、ハイマツが現れると間もなく塩見小屋で8時30分着。荷物を預け、朝食を済ませて塩見岳のピストンに9時に出発。ピーカンの空の下、山頂には11時ちょうどに登頂した。

塩見岳は、二等三角点標石のある標高3047mの西峰と、それより5m高い最高点の東峰がある。山頂はまさにパノラマ台。富士山がくっきりと浮かび、荒川三山から赤石岳南部の主峰群、北は白根三山、仙丈ヶ岳、甲斐駒ヶ岳まで一望。中央アルプスの上には御嶽山も頭を覗かせていた。山頂で2時間も遊び、塩見小屋に戻ったのは14時50分。山頂で遊ぶ時間を短縮すれば三伏峠まで十分戻れる時間だったが、登頂機会を2日間設定し、2泊目は塩見小屋と決めていた。

3日目は塩見小屋を7時に出発し、ゲートに14時30分に帰還。天候に恵まれた素晴らしい山行だった。（日本百名山、19年9月14〜16日再訪、同行1名）

山里の暮らしを支える山塩も作った貴重な塩湯

鹿塩温泉は、山中なのに海水とほぼ同じ濃度の塩泉が湧出し、それで山塩を製造してきたことでも知られる秘湯。宿は湯元山塩館と塩湯荘の2軒。筆者が贔屓の湯元山塩館は、加温した適温浴槽と源泉浴槽を設けた湯づかいなど、温泉に精通する館主夫妻の意向が随所に反映されている。また伝統の山塩製造も復活し、それを使った料理も名物。和モダンに改装した部屋も素敵な佳宿である。

塩見岳東峰から南アルプス北部の山々の眺望

塩見小屋から望む天狗岩（手前）と塩見岳

山名指標と三角点標石がある五頭山本峰

菱ヶ岳から五頭山に続く長い尾根

五《ご》頭《ず》連《れん》峰《ぽう》と村《むら》杉《すぎ》温泉

最高峰の菱ヶ岳から霊山の五頭山を周遊

新潟平野の東方にそびえるのが五頭連峰だ。最高峰の菱《ひし》ヶ岳《がたけ》でも９７４ｍしかないが、山麓の五頭温泉郷との標高差は８００ｍ超、侮れない山域である。

五頭山には一度、２０１８年6月25日に登っていた。4月に脊柱管狭窄症の手術をしたばかりだったが、7月に湯友たちと北アルプス山中の高天原温泉に行く約束をしていたので、１ヶ月早めて試運転の山に五頭連峰を選んだのだ。そのときは出湯《でゆ》温泉から登り、菱ヶ岳まで縦走して村杉温泉に下山する計画だったが、術後の腰が安定せず、疲れ方も尋常でなく、五頭山登頂だけで断念した。

今回は3年越しのリベンジだ。村杉温泉奥の菱ヶ岳登山口駐車場を6時45分に出発。ブナが目立つ樹林帯の最後の急登を経て、9時55分に菱ヶ岳登頂。山頂は展望が開けず、少し先の最高点（９８１ｍ）でようやく五頭山へ続く長い稜線を捉えた。灌木が茂る長い尾根歩きで、五頭本峰まで2時間15分もかかった。

三角点標石が置かれた五頭山本峰の標高は９１３ｍ。眺望が開ける西側に、残雪を戴く飯豊連峰が一望できた。本峰から5つの小峰が連なる五頭山へはいったん鞍部に下り、それから一ノ峰に登り返す。この稜線からの展望が素晴らしく、菱ヶ岳から歩いて来た稜線が見渡せる。信仰登拝の歴史を刻む一ノ峰、二ノ峰を経て、出湯温泉へ下る道を分けて三ノ峰から村杉温泉方面に下山。菱ヶ岳登山口駐車場には16時15分に帰着した。

（21年6月30日再訪、単独行）

五頭山の５つの峰の最高が一ノ峰。展望が開け、前方には最高峰の菱ヶ岳を眺望

この辺では希少で貴重な放射能泉の古湯

村杉温泉は、出湯、今板《いまいた》との3湯で形成する五頭温泉郷の中心。１３３５（建武２）年に足利氏家臣の荒木正高が発見、開湯したと伝わる古湯だ。共同浴場薬師乃湯を中心に数軒の宿がこぢんまりとした温泉街を形成している。風雅の宿 長生館は、村杉温泉開湯の祖・荒木氏の直系が経営する村杉温泉きっての老舗宿だ。自慢の庭園大露天風呂は、加温浴槽で温まり源泉風呂でクールダウンする交互浴が正しい入浴法。登山後に浸かると温泉の効力がより実感できる、放射能泉の名湯である。

五頭連峰　標高981m（菱ヶ岳）

- コースタイム→村杉温泉から車で10分の菱ヶ岳登山口から菱ヶ岳まで登り2時間40分・菱ヶ岳から五頭山経由菱ヶ岳登山口までの周遊コースで5時間10分　※出湯温泉から五頭山は登り3時間30分・下り3時間
- 2万5千分1地形図／出湯

難易度 ★★☆

村杉温泉

風雅の宿 長生館 ☎0250-66-2111 ◆泉質＝単純弱放射能泉 ◆源泉温度=25.2度 ◆鉄道／ JR羽越本線水原駅からタクシー 15分（駅から送迎あり、上越新幹線新潟駅からも送迎あり、いずれも要予約）◆車／磐越自動車道安田ICから約20分

村杉温泉・風雅の宿 長生館の露天風呂（男湯）

粟ヶ岳《あわがたけ》と越後長野《えちごながの》温泉

里人の崇敬厚いヒメサユリ咲く霊山

現在は新潟県三条市となっているが、ここは旧下田村《しただむら》で、下田郷とも呼ばれる美しい山里である。その麓から仰ぎ見る立派な山容で屹立するのが粟ヶ岳だ。下田郷の人々にとっては崇敬の山であり、「ふるさとの山」である。筆者にとってはヒメサユリの咲く山として、長年憧れていた山であった。

夕方、北五百川《きたいもがわ》の登山口に着き、そのまま駐車場で車中泊をすることに。本来なら越後長野温泉の一軒宿、嵐渓荘に泊まる

越後長野温泉・貸切風呂「山の湯」の露天風呂

粟ヶ岳 標高1293m

- ◆ コースタイム→上越新幹線燕三条駅・JR信越本線東三条駅からバス40分の八木ヶ鼻温泉下車、徒歩約40分の北五百川登山口から登り3時間30分・下り2時間30分
- ◆ 2万5千分1地形図／粟ヶ岳

難易度 ★★☆

越後長野温泉

嵐渓荘 ☎0256-47-2211 ◆ 泉質＝ナトリウム－塩化物冷鉱泉 ◆ 源泉温度=13.8度 ◆ 鉄道／上越新幹線燕三条駅・JR信越本線東三条駅からバス40分の八木ヶ鼻温泉下車（バス停から送迎車で10分、要予約）◆ 車／北陸自動車道三条燕ICから約40分　※北五百川登山口まで車で約20分

午の背と呼ばれる尾根を詰めて粟ヶ岳を目指す。想像以上の険しい登りが続く

大展望が楽しめる広場状の粟ヶ岳山頂

山麓の下田郷の山里から仰ぎ見る粟ヶ岳

つもりだったが、コロナ禍の影響のため、残念ながら臨時休業中だった。

夜明けとともに出発。登山口からの標高差は１２００m近くもあり、なかなか手強い山である。粟薬師奥ノ院と避難小屋が建つ地点までの林間の道は快調だったが、その上の尾根に取りつくと途端に日差しがきつくなり、ペースがガクンと落ちた。しばらく歩くと、ようやくお目当てのヒメサユリの花がぽつぽつと咲いていて、少し元気が出たが、暑さと寝不足にたたられ、コースタイム3時間30分とされるコースを2時間もオーバーして、ようやくの思いで登頂した。

登りでは3人に抜かれただけだったが、広場状の山頂は加茂市側から登って来た10人くらいのグループで賑わっていた。山頂からの展望は広大で、残雪に輝く守門《すもん》岳や浅草岳、三条市方面の平野の眺めが素晴らしかった。

疲労困憊して下山。登山口近くの日帰り温泉施設に立ち寄ったところ、「北海道、埼玉県、千葉県、東京都又は神奈川県に居住する方は施設の利用はできません」の無情な貼り紙。登山後の汗も流せず、すごすごと帰る羽目に。その意味でも、忘れがたい山である。なお、越後長野温泉・嵐渓荘は後日に改めて訪問し、都合3度目の宿泊となった。

（日本三百名山、20年6月10日登頂、単独行）

守門川の清流沿いに湧く一軒宿の秘湯

越後長野温泉の一軒宿の嵐渓荘は、かつて守門川に架かる歩行者専用の吊橋を渡って訪ねる風情が愛されていたが、残念ながら水害で吊橋は流出してしまった。重厚な木造建築の本館は三条市にあった料亭を移築したもので、国の登録有形文化財だ。その背後に鉄筋建ての新館がある。風呂は館内の男女別内湯＋露天風呂のほか、別棟に貸切風呂が2ヶ所あり、伝統の〝薬湯〟が堪能できる。

越後駒ヶ岳《えちごこまがたけ》と栃尾又《とちおまた》温泉

多彩な高山植物の花が咲く越後三山の盟主

梅雨の晴れ間を狙って、五頭連峰から下山して前泊した村杉温泉の宿を翌朝3時過ぎに出発。一路、越後駒ヶ岳登山口の枝折《しおり》峠に向かった。

越後駒ヶ岳には「日本百名山」完登を目指した2016年秋に登っていたが、ガスのかかった山頂からの展望は得られず、いつかリベンジしなければならない山の一座になっていた。ただし、山頂往復のコースタイムは9時間20分。筆者のペースだと休憩込みでおよそ11時間強。かなりのハードコースであることは間違いなく、日帰り登山となると早朝発が絶対条件となる。

枝折峠には予定した6時前に到着。だが、予報に反して天候は小雨まじりだ。様子見している間に寝てしまい、枝折峠出発が7時45分になってしまった。これはヤバい。中間のピークの小倉山に10時15分着。上出来のペースだ。前方に残雪の越後駒ヶ岳を望みながらひたすら登る。駒の小屋に13時着。ここで雪解けの水を飲んで生き返った思いで、山頂に続く斜面の雪の壁を直登し、越後駒ヶ岳山頂に13時20分登頂。コースタイムをわずか35分オーバーしただけだから、これは奇跡的だ。山頂からは大展望が広がり、眼下に魚沼の田園風景、目前に中ノ岳から八海山にのびる稜線、苗場山もくっきりと望むことができた。

山頂で30分休憩して下山開始。枝折峠には18時35分に帰還。なんとか明るいうちに下山できたが、ドッと疲れた。（日本百名山、21年7月1日再訪、単独行）

越後駒ヶ岳の山頂から中ノ岳方面の眺望

駒の小屋から山頂へ続く登り坂と雪渓

名僧行基の発見伝説も残る放射能泉の名湯

奈良時代発見と伝わる越後きっての古湯で、ぬるい湯に長時間浸かる入浴法で知られ、「子宝の湯」として親しまれてきた名湯である。温泉は自然湧出の単純弱放射能泉で、3軒ある宿は長い階段を下った渓谷上に設けられた「したの湯」、道路奥に造られた「うえの湯」「おくの湯」の3つの共同浴場を利用するのがこの温泉の伝統だが、創業約400年の自在館だけは館内に貸切利用スタイルの内湯2つと露天風呂1つを持っている。

なお、越後駒ヶ岳北麓に湧く一軒宿の駒の湯温泉は登山者の宿泊を受け入れない方針を打ち出したので、選定を断念した。

栃尾又温泉・自在館の貸切内湯「たぬきの湯」

越後駒ヶ岳　標高2003m

- ◆ コースタイム→JR上越線小出駅から車で約1時間の枝折峠登山口から登り5時間20分・下り4時間（小出駅から枝折峠行きバスは運休中、南越後観光バス ☎025-792-8114）
- ◆ 2万5千分1地形図／大湯・八海山

難易度 ★★★

栃尾又温泉

自在館 ☎025-795-2211 ◆ 泉質＝単純弱放射能泉 ◆ 源泉温度=28.5度 ◆ 鉄道／JR上越線小出駅からバス31分の栃尾又温泉下車（上越新幹線浦佐駅から送迎あり、要予約）◆ 車／関越自動車道小出ICから約20分　※栃尾又温泉から枝折峠まで車で約40分

駒の小屋まであと30分ほどの地点の登山道から残雪の越後駒ヶ岳を望む

その名の通り平たい広場状の平標山山頂

九合目付近から平標山（右奥）方面の眺望

仙ノ倉山《せんのくらやま》と貝掛《かいかけ》温泉

道中のお花畑が見事な谷川連峰の最高峰

標高２０２６ｍの仙ノ倉山は谷川連峰の最高峰である。２０２０年6月15日に平標山《たいらっぴょうやま》まで登ったが、ガスが濃く、視界はほとんどない。やむなく、評判のお花畑をガスの中に透かし見ただけで、仙ノ倉山登頂は諦めて下山していた。

リベンジは１年後。三国トンネル手前の登山者用駐車場で4時30分に湯友＆山友の柴田、鹿野両君と待ち合わせた。翌日の四万温泉→稲包山→三国峠縦走に備えて、ここに車２台をデポ。新潟側の平標山登山口には１台で向かい、登山口の有料駐車場を5時に出発。10分後に松手山《まつてやま》コースに入った。

樹林の中の木段の急登を詰めたピークが松手山で、平標山へと続くルートが一望になる。七合目からの急坂を登り切ると、快適な尾根歩き。途中、見事なハクサンイチゲの群生地があるが、５月末はまだ咲き始めだった。

標高１９８４ｍの平標山には9時45分登頂。この日も北側の谷からガスが上ってきて、仙ノ倉山を隠してしまった。やむなく、平標山の山頂で昼食を摂りながら天気待ちすること45分。運よくガスが晴れ、目前に仙ノ倉山が姿を現した。

平標山から仙ノ倉山までは約1時間後の11時10分に登頂。山頂はガスに包まれていたが、リベンジできたので感無量だった。復路も同じルートを引き返す。松手山からの急下降に膝が痛み出したので時間をかけて慎重に下り、登山口の駐車場には16時10分に帰還した。

（日本二百名山、21年5月29日登頂、同行２名）

平標山から木段の登山道を仙ノ倉山に向かう。この斜面は花季には一面のお花畑になる

〝目の温泉〟と称された湯治の名湯

貝掛温泉は、豪雪に耐えた秘境の自然環境に湧く「上杉謙信の隠し湯」と伝わる古湯。平標山駐車場から車で約15分にあり、平標山や仙ノ倉山、苗場山の登山基地としても便利だ。宿は豪壮な建物の一軒宿で、館内設備も料理のクオリティも高い佳宿である。自噴する温泉は古くから〝目の温泉〟と称され、多くの湯治客に親しまれてきたぬる湯の名湯。風呂は男女別の内湯＋露天岩風呂があり、大きな露天岩風呂にも、高い天井と梁が見事な内湯にも源泉浴槽と加温した適温浴槽を備えている。

仙ノ倉山　標高2026m

◆ コースタイム→上越新幹線越後湯沢駅からバス33分の元橋下車（貝掛温泉バス停から元橋バス停まで11分）、徒歩5分の平標山登山口から登り4時間10分・下り3時間10分
◆ 2万5千分1地形図／三国峠

難易度 ★★☆

貝掛温泉

貝掛温泉 ☎025-788-9911◆泉質＝ナトリウム・カルシウム－塩化物泉◆源泉温度=36.2度◆鉄道／上越新幹線越後湯沢駅からバス22分の貝掛温泉下車、徒歩12分（バス停から送迎車で5分、要予約）◆車／関越自動車道湯沢ICから約15分　※貝掛温泉から平標山登山口まで車で約15分

貝掛温泉の大きな露天岩風呂（男湯）

苗場山《なえばさん》と赤湯温泉《あかゆおんせん》

急登の上に広がる山頂部の大湿原

前泊した貝掛温泉で朝食を弁当にしてもらい、夜明け前に出発。向かうは神楽《かぐら》スキー場上部の祓川コース起点の和田小屋だ。車は和田小屋までは入れず、手前の有料駐車場まで。5時前に着いたが、先客は多摩ナンバーが1台だけ。前日の平標山は大賑わいだったが、同じ平日でも苗場山は深閑としている。前回苗場山に登った際は越後湯沢駅前の宿に前泊して翌日は和田小屋までタクシーで入り、登頂後は赤湯温泉に下山した。

赤湯温泉・山口館の野天風呂「玉子の湯」

苗場山 標高2145m

- コースタイム→上越新幹線越後湯沢駅→車30分→和田小屋下駐車場→4時間40分→苗場山→3時間30分→赤湯温泉（泊）→3時間50分→元橋→バス33分→越後湯沢駅
- 2万5千分1地形図／土樽・苗場山・佐武流山・三国峠

難易度 ★★★

赤湯温泉

山口館 ☎025-772-4125（連絡所）◆泉質＝ナトリウム・カルシウム－塩化物泉◆源泉温度=56.6度（玉子の湯）ほか 4月下旬～ 11月上旬の営業◆鉄道／上越新幹線越後湯沢駅からバス33分の元橋下車、徒歩4時間30分◆車／関越自動車道湯沢ICから約1時間30分の駐車場から徒歩3時間

神楽ヶ峰下の雷清水付近から見た雲尾坂の尾根と苗場山。初夏はフラワーロードだ

樹木が茂り視界は開けない苗場山の山頂

池塘をちりばめた苗場山の山頂部

今回は祓川コースの往復登山だ。和田小屋まで舗装路の登り坂を20分歩き、ゲレンデを横断して登山道に入る。樹林帯の中を抜け出し、振り返ると上越国境の山々が視界に広がる下ノ芝、中ノ芝、上ノ芝の好展望地を経て、残雪を踏んで前衛峰の神楽ヶ峰に到着。ここで初めて苗場山が姿を現した。

神楽ヶ峰からはいったん鞍部まで下ると、苗場山への最後の急坂、雲尾坂《くもおさか》が待ち構える。神楽ヶ峰からの下りには雷《かみなり》清水が湧いていて、この清水がとてつもなく美味い。そこで喉を潤してから雲尾坂にかかる。

雲尾坂は高山植物が多く、折からシラネアオイとコイワカガミの花盛り。急坂を登り切るとポンと山頂の端に飛び出る。残雪の壁を乗り越え、山頂へ続く木道に入る。無数の池塘が点在し、いかにも苗場の観。人っ子ひとりいない中、山名指標と三角点標石があるだけで展望が開けない苗場山山頂に到着。残雪が予想され、撮影で道草を食うので5割増しの時間をみていたが、見込み通りの昼少し前の登頂だった。景色や花を撮影していると、時間の経つのは早い。

この日はたった1人の登山者と会っただけ。下山時に冷たい霙《みぞれ》に打たれたせいか、単独行の心細さを感じた。（日本百名山、20年6月16日再訪、単独行）

足が頼りの秘湯は足元湧出泉の野天風呂

赤湯温泉は苗場山から昌次《しょうじ》新道を約3時間半下った、清津川の源流沿いに湧く秘湯。足元湧出泉の野天風呂3つと、薪で炊く魚沼コシヒカリのご飯が評判の山小屋・山口館が1軒あり、夜はランプの宿になる。やはり、苗場山登山はここに下山して1泊するプランを推奨したい。ここから林道に出るまで約2時間、さらに元橋バス停まで約2時間の行程。林道口までタクシーを呼ぶことは可能だ。

妙高山《みょうこうさん》と燕《つばめ》温泉

外輪山に囲まれて屹立する妙高連峰の盟主

高さは西北に隣接する火打山《ひうちやま》に８ｍ譲るが、妙高連山の盟主と言えばやはり妙高山だろう。妙高山は外輪山に囲まれた二重式火山の火口丘で、それは山麓から見てもすぐにわかる特徴的な山容から、火打山よりも断然目立っている。

この山は２００３年秋が初登で、再撮のために登った17年秋には山頂でガスって目的が果たせなかった。そして今回、湯友&山友の柴田、鹿野両君と早朝に燕温泉駐車場で待ち合わせて、５時に出発した。

燕温泉街を抜け、無料露天風呂「黄金《おうごん》の湯」前から旧スキー場跡の上部へ。舗装路から分かれて登山道に入る。赤倉温泉の泉源地を過ぎ、滝を高巻きして北地獄谷を遡上。麻平《あさだいら》方面への道を右に分けると、間もなく林間の胸突き八丁だ。この急登が終わると、赤倉温泉からの登山道が合流する天狗堂に着く。

尾根を登って行くと、やがてダケカンバの樹間越しに妙高山の岩峰が見えてくる。補助ロープとクサリが設置された難所の岩壁を登り、視界の広がる岩場の急登の先端が妙高山の最高点、標高２４５４ｍの南峰だ。10時35分登頂。

妙高山の山名指標と一等三角点標石は、南峰よりも８ｍ低い北峰に設置されている。南峰から北峰への山頂漫歩は快適で、折からミョウコウトリカブトの花盛り。両サイドに大展望が広がり、目前に火打山から焼山《やけやま》方面、後立山連峰や北信五岳と野尻湖もよく見えた。

（日本百名山、21年８月28日再訪、同行２名）

山名指標と一等三角点標石がある妙高山北峰

雲海を突き抜けて難所の岩場をクリア

豪雪の山腹に湧く泉質自慢の山の湯

燕温泉は妙高山北東麓の標高１１２０ｍに湧く、弘法大師の発見伝説もある古湯。温泉名は季節にイワツバメが群れ飛ぶことに由来する。湯宿は明治後期に開かれ、現在は往時の半数の４軒だけの小温泉地になったが、歴史を感じさせる山の湯の風情は保たれている。好評なのが、どちらも無料開放されている妙高山の登山道脇にある男女別露天風呂「黄金の湯」と遊歩道を約15分歩いた沢沿いの混浴露天風呂「河原の湯」。宿はいずれも保養向きの木造旅館で、４軒とも露天風呂を備える。特に日本酒好きな人には品揃え豊富な樺太館《からふとかん》を推奨しておく。

燕温泉・登山道脇にある無料露天風呂「黄金の湯」

妙高山　標高2454m

◆ コースタイム→燕温泉から登り4時間10分・下り3時間
◆ 2万5千分1地形図／赤倉・妙高山

難易度 ★★☆

燕温泉

樺太館 ☎0255-82-3101 ◆ 泉質＝カルシウム・ナトリウム・マグネシウムー炭酸水素塩・硫酸塩・塩化物泉 ◆ 源泉温度=44.5度 ◆ 鉄道／えちごトキめき鉄道妙高はねうまライン関山駅からバス25分、燕温泉下車すぐ ◆ 車／上信越自動車道妙高高原ICから約25分　※無料開放されている男女別露天風呂「黄金の湯」は温泉街から徒歩5分、混浴露天風呂「河原の湯」は徒歩15分（いずれも冬期は閉鎖）

妙高山最高点の妙高大神を祀る南峰。ここから北峰まではロックガーデンの趣

雪《ゆき》倉《くら》岳《だけ》と蓮《れん》華《げ》温泉

遠方から望むどっしりとした雪倉岳とは思えないほど山頂間近の雪倉岳は鋭い山容だ

後立山連峰の北端にそびえる秀峰

後立山連峰は、北端にそびえる雪倉岳と朝日岳を最後に、その長大な裾野を日本海の親不知《おやしらず》に沈める。白馬大池から三《さん》国境《ごくざかい》を経て白馬岳へと至る稜線は人気のゴールデンルートだが、この三国境以北の山域に入ると登山者の喧騒は一気に減り、心に沁みる静かな山歩きが期待できる。

筆者は大学時代、栂池から天狗原を経て蓮華温泉に至るフィールドが春合宿の舞台だったので、この山域には強い思い入れがある。豪雪に埋もれた2階から出入りして泊めてもらった蓮華温泉をベースに、周辺の雪山を徘徊《はいかい》したものだ。

雪倉岳　標高2611m

◆ コースタイム→蓮華温泉→白馬岳6時間40分、白馬岳→雪倉岳→朝日小屋7時間、朝日小屋→蓮華温泉7時間20分
◆ 2万5千分1地形図／白馬岳・黒薙温泉

難易度 ★★★

蓮華温泉

白馬岳蓮華温泉ロッジ ☎090-2524-7237 ◆ 泉質＝単純硫黄泉ほか ◆ 源泉温度=79.0度（仙気ノ湯）ほか　3月20日頃～ 10月20日頃の営業 ◆ 鉄道／北陸新幹線糸魚川駅からバス1時間35分の蓮華温泉下車、徒歩3分（バスは7月中旬～ 10月中旬）◆ 車／北陸自動車道糸魚川ICから約1時間30分（通行可能期間6月下旬～ 10月20日）

蓮華温泉・「仙気《せんき》ノ湯」、中央の峰は朝日岳

ただし、豪雪の雪倉岳や朝日岳はハードルが高く、仰ぎ見るだけの憧れの山だった。それゆえに、「温泉百名山」には蓮華温泉をベースに、この2つの山と組み合わせるコースを真っ先に選定したいと思っていた。

蓮華温泉に前泊し、白馬大池から白馬岳に登頂して1泊。翌日は三国境から雪倉岳と朝日岳に登り、朝日小屋でもう1泊して下山するという贅沢なプランを組んだ。もちろん、朝日小屋1泊の周遊コースも組めるのだが、それではもったいないし、しばらくぶりに白馬岳の頂上も踏んでみたかったのだ。

初日は白馬大池から小蓮華岳《これんげだけ》を経て白馬岳までの稜線歩きが素晴らしかった。2日目は白馬岳で御来光を拝し、絶好の秋晴れの中、雪倉岳と朝日岳に登り、予定通りに朝日小屋泊。ここには名物女将がいて、山小屋とも思えない立派な料理を出すとの評判を聞いていたが、まさに期待以上だった。3日目は天気が下り坂で曇天になったが、それでも蓮華温泉の手前までは天気も持ち、屈指の充実した山行となった。

（日本二百名山、18年9月19日登頂、単独行）

4つの野天風呂で体感する山の湯の醍醐味

白馬岳蓮華温泉ロッジは白馬岳の北東、標高1475mの山腹に建つ秘湯の一軒宿。車で入れる温泉でこれだけの秘湯感は山形県の姥湯温泉と双璧だ。ツアースキー客のために3月20日頃から営業するが、一般客は6月下旬にならないと車道が開通しないので入れない。宿泊は相部屋基本だが、別料金で個室利用も可能。お目当ての風呂は、宿から10分ほど歩く山の斜面に野天風呂4つと館内の男女別内湯。それぞれ泉質の異なる自噴泉で、当然源泉かけ流しだ。野天風呂は最上部にある薬師湯が貸切スタイルなので、女性客も利用しやすいようだ。

朝日岳山頂から白馬岳方面を望む

雪倉岳の登りから白馬岳方面の眺望

笠新道分岐先の登山道から笠ヶ岳を望む

槍・穂高連峰を背にする抜戸岳の急登

笠《かさ》ヶ《が》岳《たけ》と新《しん》穂《ほ》高《たか》温泉

裏銀座の中枢から離れて槍ヶ岳と対峙《たいじ》する孤峰

特徴ある山容の笠ヶ岳を遠望するたびに、登頂への思いが募った。深田久弥氏の表現を借りれば、笠ヶ岳は筆者にとって一番の「久恋の山」だった。ようやく機会が訪れたのは2016年8月。「日本百名山」完登の志を抱いた2ヶ月後だ。山中7泊8日の長期計画に、同業の土井正和氏が同行してくれることになった。筆者と同学年だが、単独行を常とする登山歴は筆者よりも長く、冷静沈着にして強靱な体力の持ち主。これほど頼もしい同行者はいない。

コースは、高瀬ダムから烏帽子岳に登り、裏銀座を縦走して、途中高天原温泉と雲ノ平、黒部五郎岳にも寄り、双六《すごろく》小屋で裏銀座縦走コースと別れ、最後に笠ヶ岳に登って新穂高温泉をゴールとする、実に遠大にして贅沢な計画だった。

2日目の野口五郎岳で筆者の腰痛が酷く、様子見に半日浪費したが、その遅れも挽回し、予定通り出発から6日後に双六小屋に着いた。明けて7日目、槍ヶ岳や裏銀座縦走に向かう登山者を見送り、我々は笠ヶ岳を目指した。

主稜線から離れた笠ヶ岳は孤峰の趣がある。登山道は抜戸岳《ぬけどだけ》の登りがきつい程度で、笠ヶ岳を正面にしながらの稜線逍遥といった印象だ。その日のうちに夕映えの笠ヶ岳に登頂。そこには、笠ヶ岳を中興した播隆上人が、この頂から拝して開山を決意したという槍ヶ岳が神々しくそびえ、不変と思われる深遠な風景が広がっていた。

（日本百名山、16年8月11日登頂、同行1名）

標高2898mの笠ヶ岳山頂。谷を隔てて屹立する槍・穂高連峰を一望

露天風呂天国の笠ヶ岳や槍ヶ岳の登山口

新穂高温泉は、蒲田《がまた》川沿いに下流から蒲田、佳留萱《かるかや》、宝、槍見、新穂高、高台に位置する中尾の各温泉の総称だ。開湯の歴史は古いが、観光地に発展したのは新穂高ロープウェイの開通後で、槍ヶ岳や裏銀座縦走コースの登山口としても脚光を浴びた。笠ヶ岳登山口にある槍見館はかつては槍見温泉の一軒宿で、岳人御用達の山の宿だったが、笠新道が開通したことにより、ここを基点とする笠ヶ岳登山客は激減。現在は露天風呂三昧が評判の古民家を移築した名旅館となっている。

笠ヶ岳　標高2898m

- ◆ コースタイム→新穂高温泉登山口から笠新道経由で登り8時間15分・下り6時間
- ◆ 2万5千分1地形図／笠ヶ岳

難易度 ★★★

新穂高温泉

槍見館 ☎0578-89-2808 ◆ 泉質＝単純温泉 ◆ 源泉温度=55.4度 ◆ 鉄道／JR高山本線高山駅からバス1時間27分（アルピコ交通上高地線新島々駅からバス55分の平湯温泉で乗り換え27分）の中尾高原口下車、徒歩5分 ◆ 車／高山清見道路高山ICから約1時間20分、長野自動車道松本ICから約1時間30分　※中尾高原口→バス5分→登山口

新穂高温泉・槍見館の混浴露天風呂「槍見の湯」

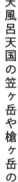

御嶽山《おんたけさん》と濁河《にごりご》温泉

山岳宗教の代表的霊山の独立峰

2014年9月27日、死者58名・行方不明者5名の大惨事を起こした御嶽山の突然の噴火は、いまだに記憶に新しい。

御嶽山には「日本百名山」完登の一環として17年5月30日に登ったが、当然ながら剣ヶ峰への立入規制中で、このときは第2の高峰である標高2959mの摩利支天《まりしてん》山に登り、これで良しとして引きあげた。しかし、立入規制が解除されたと知れば、「温泉百名山」選定登山に際して剣ヶ峰に登らないわけに

濁河温泉・朝日荘の露天風呂（男湯）

御嶽山 標高3067m

◆ コースタイム→濁河温泉から剣ヶ峰まで登り5時間40分・下り4時間10分
◆ 2万5千分1地形図／胡桃島・御嶽山・御岳高原

難易度 ★★★

濁河温泉

朝日荘 ☎0576-62-3528◆泉質＝ナトリウム－炭酸水素塩・硫酸塩泉◆源泉温度=53.1度（自家源泉）◆泉質＝ナトリウム・カルシウム・マグネシウム－硫酸塩・炭酸水素塩泉◆源泉温度=54.0度（共同源泉）◆鉄道／JR高山本線高山駅またはJR中央本線木曽福島駅からタクシー約1時間10分◆車／中央自動車道中津川ICまたは伊那ICから約1時間50分

御嶽山は富士山、白山と並ぶ日本三大霊山。登山道には数多くの神仏像が祀られている

展望抜群の標高3067mの御嶽山剣ヶ峰

登山道から三ノ池と五ノ池小屋を俯瞰

はいかないだろう。ということで、21年の登山終了間近の10月に向かった。

同行する湯友&山友の柴田君と夜中に走って、濁河温泉の登山者用駐車場に早朝に到着。さっそく登山開始。摩利支天山までは4年前に登っていたので、登山道の印象は薄れていなかったが、飛騨頂上の下は大雪渓で緊張して登った記憶が蘇った。今回は雪渓も消え、難なく突破。五ノ池小屋からは三ノ池上部を通るガレた岩場を登った。このルートは落石が多く、通行禁止になることもある。

稜線上に出て賽ノ河原を通過する頃にガスってきたが、無事に宿泊する二ノ池山荘に到着。ところが、二ノ池は流入した火山灰にすっかり埋まっており、改めて噴火の猛威を知ることになった。ここから剣ヶ峰山頂までは登り40分だ。

翌朝、朝食後に出発し、7時50分に登頂。快晴に恵まれ、山頂からの大展望を満喫したが、新設された避難用シェルターや真新しい慰霊碑など、噴火の爪痕があちこちに生々しく残り、痛々しい雰囲気が漂っていた。

二ノ池小屋に同宿して懇談した京都在住の林典志《のりゆき》氏、大西洋子さんと剣ヶ峰にも一緒に登頂した。山での再会を約して別れたが、これが縁で22年7月の白山登山に同行した。

（日本百名山、21年10月2〜3日登頂、同行1名）

飛騨側登山口六合目の日本屈指の山上の湯

濁河温泉は御嶽山北西の中腹、標高1800mに湧く高所温泉。飛騨側六合目の登拝基地として賑わった歴史があるが、往時は10数軒あった宿も半数以下。公共交通も通わなくなったので、まさに秘湯の環境だ。筆者の推奨宿は朝日荘。自家源泉の男女別内湯＋露天風呂と共有源泉を引く貸切使用の大きな露天風呂が秀逸だ。和モダンに改装された宿は快適で、料理のクオリティも高い。

鷲羽岳《わしばだけ》と高天原《たかまがはら》温泉

高天原温泉から登り約5時間の黒部川水源の名峰

歩いてしか行けない宿泊施設のある最遠の温泉、それが北アルプス山中に湧く高天原温泉だ。折立《おりたて》登山口から約13時間という長丁場で、1泊で往復する超健脚の人もいるが、一般的には途中で各1泊を要する秘湯である。「温泉百名山」には2016年に登った黒部川水源の山、鷲羽岳を選定した。高天原温泉から鷲羽岳まで約5時間、鷲羽岳から雲ノ平山荘まで約2時間30分の行程だ。

そこに温泉があれば登山してでも行くという秘湯ロマンス隊の有志9名で挑むことになった。高天原温泉に行ったことがあるのは3度目の筆者だけで、あとのメンバーは初探訪で登山的にはほぼ初心者ばかり。しかも筆者は4ヶ月前に脊柱管狭窄症の手術を受けたばかりの病み上がり。なんとも心もとない。

メンバー構成を考慮して、薬師沢小屋、高天原山荘、雲ノ平山荘の計3泊4日の行程を組んだ。1日目は折立から薬師沢小屋、2日目は大東新道《だいとうしんどう》経由高天原山荘、3日目は雲ノ平山荘、4日目は雲ノ平山荘から折立まで一気に下山する。折立から太郎平小屋までのカンカン照りの登り、沢を何本も乗っ越す大東新道、そして最終日の折立までの一気戻りは特にハードだった。

病み上がりの体力低下は著しく、相当に遅れて歩いた。生涯で一番きつい山行だったように思う。それでも、高天原温泉でたっぷり遊び、〝日本最後の秘境〟雲ノ平の絶景は素晴らしかった。（日本百名山、18年7月14〜17日、同行8名）

高天原温泉から雲ノ平へ。背後は薬師岳

太郎兵衛平への長い登り坂。背後は有峰湖

3泊4日がかりで歩いて訪ねる無上の湯

高天原温泉は、温泉好きが一度は訪ねたいと希求する究極の秘湯。温泉は高天原山荘からさらに行き20分・戻り30分歩く沢沿いに素朴な露天風呂が設けられ、上流部から自噴する湯を引いている。もちろん、河原に造られた男女別と混浴の3つの野天風呂は源泉かけ流しだ。男女別の湯船は大小があり、16年に訪ねたときは大が混浴、小が女性専用だったが、18年には大が女性用、小が男性用に変更され、女性専用に張られた高い目隠しには野趣をそがれた感があった。それでも、この大自然の中で適温の温泉の恵みが享受できるのは無上の喜びである。

高天原温泉・女性陣独占中の混浴野天風呂

鷲羽岳　標高2924m

◆ コースタイム→折立→7時間15分→薬師沢小屋（泊）→5時間20分→高天原山荘（泊）→8時間（鷲羽岳経由）→雲ノ平山荘（泊）→8時間30分（薬師沢小屋経由）→折立
◆ 2万5千分1地形図／有峰湖・薬師岳・三俣蓮華岳

難易度 ★★★

高天原温泉

高天原山荘 ☎076-482-1917（太郎平小屋）◆泉質＝単純硫黄泉 ◆源泉温度=41.9度　7月上旬～9月末日までの営業。温泉は山荘から行き20分・戻り30分 ◆ 鉄道／北陸新幹線富山駅からバス2時間35分の折立から約13時間 ◆ 車／北陸自動車道立山ICから折立まで約1時間30分

2016年8月に登頂した標高2924mの鷲羽岳。黒部川の最初の一滴はこの山から発する

立《た》山《やま》とみくりが池《いけ》温泉

立山信仰の聖地雄山から最高峰の大汝山へ。久々の好天の週末だったので登山者も多い

観光開発で変貌した山岳信仰の聖地

誰が提唱したのかわからないが、日本三霊山（富士山、白山、立山）のほかに、日本三大霊山というのもあり、こちらは富士山と白山は不動の地位にあるが、3番目の評価は立山か御嶽山のどちらかに分かれるようだ。

それはともかく、立山が古くから厚く崇敬されてきた山岳信仰の聖地であることは疑うべくもない。そして、立山黒部アルペンルート開通の恩恵によって、上記の霊山の中では立山がもっとも容易に登れる山となっている。

この霊山に登ったのは、「日本百名山」完登を志した最終

立山　標高3015m（大汝山）

- ◆ コースタイム→室堂から雄山経由で大汝山まで2時間30分、大汝山から雷鳥沢キャンプ場・みくりが池温泉経由で室堂まで3時間20分
- ◆ 2万5千分1地形図／立山・剱岳

難易度 ★★☆

みくりが池温泉

みくりが池温泉 ☎076-463-1441 ◆ 泉質＝単純酸性泉 ◆ 源泉温度=45.0度 ◆ 鉄道／富山地方鉄道立山駅から立山黒部アルペンルート経由（ケーブルカー 7分＋乗り継ぎ時間＋バス50分）で室堂下車、徒歩約20分 ◆ 車／北陸自動車道立山ICから約40分で立山駅（立山駅からは上記と同じ）

みくりが池温泉・日本最高所にある内湯（男湯）

章で、立山、剱岳、富士山の順で完結する予定だった。ところが、この2017年8月は天候不順で計画を2度断念するうち、山小屋を予約した富士山のほうが先になってしまった。結局、9月の晴天予報の日を待って、99座目立山、100座目剱岳という順番になったのだが、富士山の雑踏と俗化した山頂には落胆したので、結果的にはこれで良かった。

「日本百名山」完登の掉尾を飾る山行には、裏銀座縦走から笠ヶ岳まで付き合ってくれた土井氏、北海道の幌尻岳で知り合い、雌阿寒岳、平ヶ岳《ひらがたけ》、火打山にもご一緒した岡村夫妻が同行してくれることになった。この4人で平ヶ岳にも登っていたので、気心は知れていた。すでに「日本百名山」完登を成し遂げ、立山も剱岳も登っていた岡村氏の同行は心強かった。

たまたま晴天予報が土日に当たってしまい、立山駅からの立山黒部アルペンルートは大混雑。室堂《むろどう》出発が9時過ぎになってしまったが、天候は良好。立山信仰の中心の雄山《おやま》に11時20分、最高峰の大汝山《おおなんじやま》に12時、別山《べつざん》に14時35分、別山乗越《のっこし》15時10分と快調に縦走し、翌日の剱岳登頂の拠点となる剣山荘《けんざんそう》には16時30分に入ることができた。

(日本百名山、17年9月9日登頂、同行3名)

標高2420mにある日本最高所の温泉宿

みくりが池から雷鳥沢にかけて4軒の湯宿があり、どこをベースにしてもいいが、室堂に一番近いのが標高2420mの日本一高い場所にあるみくりが池温泉だ。みくりが池畔に建つ一軒宿で、眼前には立山連峰を望む絶好のロケーション。温泉は北側の谷で猛烈な火山活動を展開する地獄谷から引く噴気造成泉で、男女別の木造りの浴槽に白濁の湯があふれる。客室は個室利用を基本としている。

真砂岳《まさごだけ》を下って剱岳を目前に望む別山へ

山頂に雄山神社峰本社が祀られている雄山

標高2999mの剱岳山頂の岩場で記念撮影

そそり立つ絶壁を登るカニノタテバイ

剱《つるぎ》岳《だけ》と雷《らい》鳥《ちょう》沢《ざわ》の温泉

「日本百名山」完登の掉尾を飾った最難関の岩峰

長らく「鬼が棲む山」と畏怖されてきた剱岳に、初めて人間が立ったのは1907（明治40）年7月13日、陸地測量部一行だった。と思われたが、山頂で槍の穂と錫杖の頭が発見された。すでに修験者が足跡を残していたのだ。

この百名山最大の難関と評される剱岳に向かって、我々は剣山荘を3時50分に出発。一服《いっぷく》剱《つるぎ》を4時27分、5時25分着の前剱《ぜんけん》では御来光を拝した。目も眩む絶壁をクサリだけが頼りの難所の連続。そしてカニノタテバイの岩壁の直登をなんとかクリアし、7時36分、ついに剱岳に登頂した。「日本百名山完登」の紙片を掲げて祠の前で記念撮影をすると、思いがけず居合わせた多くの登山者から拍手と歓声が上がった。70歳4ヶ月の満願成就、感無量だった。ちなみに、岡村夫人は剱岳が99座目、その5日後に奥穂高岳で百名山完登を達成している。

登りよりも下りのほうが、視点が高いぶん恐怖心は増す。特に最大の難所のカニノヨコバイではクサリに全体重を預け、オーバーハングで見えない足場を探る瞬間は冷や汗が出た。しかも、その直前に転落事故が発生し、ちょうど山頂付近にいた山岳救助隊員が、この危険な岩場を駆け下りて現場に直行する姿に驚嘆。救助ヘリも飛来してきて、さらに緊張感が増幅した。慎重に下山し、剣山荘に12時55分に無事帰還。夕方、雷鳥沢の宿に着いて入った温泉のありがたさは、いまもって記憶に鮮明である。

（日本百名山、17年9月10日登頂、同行3名）

関門の前剱の先、剱岳を一望するポイントで。穏やかな尾根はほんの一部しかない

地獄谷を泉源とする雷鳥沢の2湯

みくりが池温泉も含めて地獄谷を泉源とする温泉を引く宿が4軒ある。本来は立山地獄谷温泉と命名すべきだと思うが、雷鳥沢の2湯は雷鳥荘が「らいちょう温泉」、雷鳥沢ヒュッテと同経営のロッジ立山連峰は「雷鳥沢温泉」を名乗る。みくりが池温泉が標高日本一、雷鳥荘が第2位、雷鳥沢ヒュッテが第3位となる高所温泉だ。雷鳥荘は大きな木造りの湯船、雷鳥沢ヒュッテは半露天風呂で、ともに白濁の湯。筆者としては山小屋レベルを超えたクオリティの高さを示す雷鳥荘を推奨する。

剱岳　標高2999m

- ◆ コースタイム→室堂から雷鳥沢・別山乗越経由で剣山荘まで登り4時間・下り3時間50分（剣山荘から剱岳まで登り2時間30分・下り2時間）
- ◆ 2万5千分1地形図／立山・剱岳

難易度 ★★★

雷鳥沢の温泉

雷鳥荘 ☎076-463-1664 ◆ 泉質＝酸性・含硫黄・鉄（Ⅱ）－硫酸塩・塩化物泉 ◆ 源泉温度=72.5度。雷鳥沢ヒュッテ ☎076-463-1753 ◆ 泉質＝酸性－硫酸塩泉 ◆ 源泉温度=73.8度 ◆ 鉄道&車／室堂までは立山の項参照、室堂から雷鳥荘まで徒歩30分・雷鳥沢ヒュッテまで徒歩45分

らいちょう温泉・雷鳥荘の快適な展望風呂

白《はく》山《さん》と白《はく》山《さん》温泉

神々しいまでの純白の雪をまとう北陸の霊峰

霊峰白山には特別の思い入れがある。登り残した「日本百名山」完登への思いに火を点け、「温泉百名山」選定の試みへと導いてくれた特別の山になったからである。

開山は僧泰澄《たいちょう》によって717（養老元）年に成されたという山岳信仰の先駆けだ。それほど古くから崇敬の念を持たれた所以《ゆえん》は、北陸の平野部からよく見え、しかも半年間は純白の雪に覆われている気高い峰であることも大きな理由だろう。

白山温泉・永井旅館の内湯。右が源泉浴槽

白山　標高2702m（御前峰）

◆ コースタイム→市ノ瀬からシャトルバス20分の別当出合登山口から、登り4時間30分・下り3時間　※7月中旬～10月中旬の土日祝を基本に市ノ瀬～別当出合はマイカー規制実施
◆ 2万5千分1地形図／加賀市ノ瀬・白山

難易度 ★★☆

白山温泉

永井旅館 ☎076-259-2339 ◆ 泉質＝ナトリウム－塩化物・炭酸水素塩泉 ◆ 源泉温度=48.2度　4月下旬～11月上旬の営業 ◆ 鉄道／北陸鉄道鶴来駅からバス1時間5分の白山体験村下車、バス停から送迎車で約15分（要予約）◆ 車／北陸自動車道福井北ICまたは金沢西ICから約1時間20分

一瞬ガスが切れて剣ケ峰や翠ケ池が姿を見せた白山最高峰・御前峰の山頂で

木道が天国まで続くかのような弥陀ヶ原

南竜分岐から尾根上の黒ボコ岩にかけての登り

それは、２０１６年６月14日のことだった。岩間道登山口にある岩間温泉・山崎旅館に泊まった際、忽然と白山に登ってみたい衝動に駆られた。翌朝暗いうちに出発し、登山口の別当《べっとう》出合《であい》に向かった。登山用具は車に積んであった。

白山はまだ山開き前なので、室堂にある宿泊棟も営業前。日帰り登山するしかない。砂防新道から南竜《なんりゅう》分岐、弥陀ヶ原経由のルートを採った。この夏は雪解けが異常に早く、７月中旬に咲くような高山植物が咲き競い、道中は花園を行く観があった。途中からガスが濃くなったが、太陽が上にある明るいガスで、雨の心配はない空模様だった。弥陀ヶ原に差しかかると、一筋の木道がガスの中に吸い込まれるように消えていて、それがあたかも天国に続く道に見えた。

濃いガスに包まれた室堂に着くと、下山してきた登山者が「登頂しても何も見えないですよ」と忠告してくれた。それを押して白山頂上の御前峰《ごぜんがみね》に立つと、なんと一瞬ガスが切れ、剣ヶ峰と翠ヶ《みどりが》池《いけ》が姿を見せてくれた。感動した。

いわば、この感動体験が「日本百名山」完登、そして「温泉百名山」選定登山へと繋げてくれたわけである。22年７月17〜18日、山友４名と大願成就の御礼登山を敢行。感無量だった。

（日本百名山、22年７月18日再訪、同行４名）

白山西麓の手取川の源流沿いに湧く秘湯

白山温泉は、別当出合へ運行されるシャトルバスの起点、市ノ瀬にある一軒宿の秘湯。かつては上流の湯の谷川沿いにあったが、１９３４年の土石流で市ノ瀬集落は壊滅。その後たった１人残った永井旅館の先代が執念で復興した。温泉の復活は１９８３年。現在では旧来の本館と和モダンの客室を備えた新館があり、新館にある男女別の木造りの加温浴槽と源泉浴槽で伝統の湯が満喫できる。

近畿以西・九州

91〜100

91 八経ヶ岳と入之波温泉
92 蒜山と関金温泉
93 三瓶山と三瓶温泉
94 剣山と祖谷温泉
95 雲仙岳と雲仙温泉
96 涌蓋山とはげの湯温泉
97 由布岳と由布院温泉
98 九重山と法華院温泉
99 高千穂峰と霧島温泉郷
100 開聞岳と鰻温泉

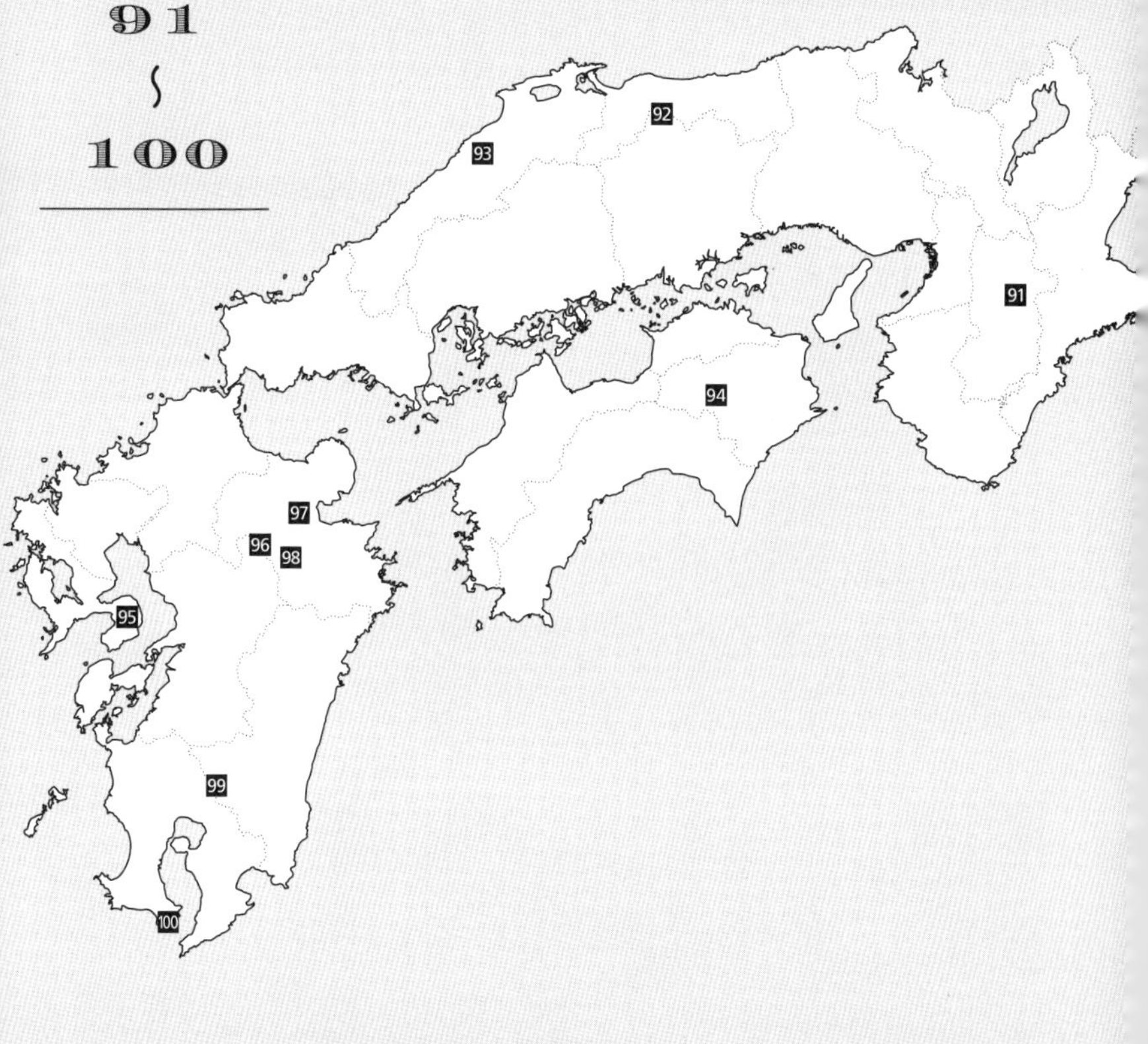

八経ヶ岳 91

蒜山（上蒜山） 92

三瓶山（男三瓶） 93

剣山 94

雲仙岳（普賢岳） 95

涌蓋山 96

由布岳 97

九重山（中岳） 98

高千穂峰 99

開聞岳 100

八経《はっきょう》ヶ岳《がたけ》と入之波《しおのは》温泉

三角点標石と山名指標、奉納された木札が山積みされた展望抜群の八経ヶ岳山頂

八経ヶ岳　標高1915m

◆ コースタイム→行者還トンネル西口登山口から登り3時間10分・下り2時間30分
◆ 2万5千分1地形図／弥山・大台ヶ原山・大和柏木

難易度 ★★☆

入之波温泉

湯元山鳩湯 ☎0746-54-0262 ◆ 泉質＝ナトリウム・カルシウム−塩化物・炭酸水素塩泉 ◆ 源泉温度=39.6度。宿泊は2名から、水曜休 ◆ 鉄道／近鉄吉野線大和上市駅からバス1時間17分の入之波下車（平日1便、またはバス約45分の道の駅杉の湯川上からタクシー 30分）◆ 車／西名阪自動車道郡山ICから約1時間30分　※登山口まで車で約1時間

入之波温泉・湯元山鳩湯の大きな内湯（男湯）

〝近畿の屋根〟を形成する大峰山脈の最高峰

紀伊山地の脊梁《せきりょう》を成す大峰山脈。その峰々を貫く熊野と吉野を結ぶ約100㎞の「大峯奥駈道《おおみねおくがけみち》」は、役小角《えんのおづぬ》が飛鳥時代に開いた修験道《しゅげんどう》の修行の道である。

一般的には大峰山脈の盟主といえば現代も女人禁制の山となっている山上ヶ岳《さんじょうがたけ》になるのだろうが、「温泉百名山」では大峰山脈および近畿最高峰の八経ヶ岳と、近畿では湯の峰温泉の次に好きな大台ヶ原山麓の入之波温泉を選んだ。

八経ヶ岳には、奈良県の上北山村と天川村を結ぶ行者還《ぎょうじゃがえり》トンネル西口が登山口。車で行くのが条件になる。この山には山の先輩の谷野さんと登った。彼女は日本の名だたる峰々を踏破した山のベテランで、奥多摩や北海道の山に何度も同行した義広氏の20数年来の山のパートナー。この2人とは山梨県の二十六夜山で知り合って以来、3人で何度も一緒に山に登った。彼女も「日本百名山」完登を志し、未登の西日本の百名山行脚への同行を希望。ここまでに、九州の山にご一緒していた。

登山口から林間の道を1時間ほど登ると、行者還岳から八経ヶ岳を経て熊野へ至る「大峯奥駈道」の尾根道に出る。気持ちのいい広葉樹の林間を緩やかに登り、醍醐寺を開創した聖宝《しょうぼう》理源《りげん》大師《だいし》坐像がある「聖宝ノ宿跡」の先からは聖宝八丁と呼ばれる急登だ。聖宝八丁の途中で展望が開け、行者還岳方面の主稜や大台ヶ原のなだらかな山並みが一望できるポイントで一息入れた。

この急坂を登り切ると、まもなく弥山《みせん》小屋に到着。ここで、弥山と八経ヶ岳の道が分かれるので、まずは弥山に祀られた天河《てんかわ》大弁財天社奥社に参拝。弥山のすぐ下から正面に八経ヶ岳を眺望したあと、約30分で立ち枯れの木が異様に目立つ八経ヶ岳に登頂した。木札が奉納された近畿最高峰の山頂からは、紀伊山地の深い山々が一望できた。

（日本百名山、17年5月27日登頂、同行1名）

析出物凝固の湯船が圧巻の奥吉野の秘湯

入之波温泉は、大迫《おおさこ》ダム湖の斜面に張りつくように建つ一軒宿の温泉。温泉は江戸時代の地図にも登場する古湯だが、一度ダム湖に没し、のちに湯元山鳩湯の先代が復活させた。吉野杉で造った大きな湯船に掘削自噴の豊富な湯が源泉かけ流しで、ダム湖を見下ろす露天風呂も秀逸。湯は淡黄褐色のにごり湯で、湯船には濃厚な成分が厚く付着している。家族でもてなす心温まる宿である。

聖宝八丁の途中から大台ヶ原方面を眺望

弥山小屋の上部から眺望した八経ヶ岳

上蒜山の登りから眼下に広がる蒜山高原

好展望地の雲居平から望む下蒜山に続く尾根

蒜《ひる》山《ぜん》と関《せき》金《がね》温泉

暑い夏場を避けて春か秋に実施したい三座縦走コース

中国地方で「温泉百名山」に選ぶとしたら、蒜山三座と三瓶山《さんべさん》しかない。蒜山は鳥取と岡山の県境の山で、火山とは思えない、たおやかな3つの峰を連ねる山容が特徴だ。温泉は岡山県側に湧く湯原温泉郷がベースでもいいが、ここでは犬《いぬ》挟《ばさり》峠登山口に近く、適温の放射能泉が湧く関金温泉とした。

2019年3月下旬、純温泉協会代表で大阪在住の山口貴史君の車で向かった。駐車場から20分、牧場上の上蒜山登山口が14時過ぎ。林間を抜け出し、草原状の尾根から振り返ると、眼下に蒜山高原が広がった。この年最初の登山で、身体が重く、牛歩のような歩みだ。山頂近くのブナ林からは残雪が深く、結局、コースタイムを1時間近くオーバーして、雪の残る最高峰の上蒜山に登頂。あわよくば中蒜山まで行こうと思っていたが、予想以上に残雪が多く、断念した。

その年の7月、リベンジに向かった。今回も山口君に付き合ってもらい、純温泉協会会員宿の関金温泉・鳥飼《とりがい》旅館に前泊。翌朝、朝食後に犬挟峠登山口まで送ってもらったので、スタートが9時50分。これは遅すぎる。しかも真夏で暑い。峠から約600mの標高差がある下蒜山までは急登があり、想定以上に体力の消耗が激しい。結局、暑さバテがひどく、予定より2時間近くもオーバー。下山の待ち合わせ時間も迫ったので、中蒜山から先の縦走は断念。中蒜山登山口の塩釜冷泉に下山した。

（日本二百名山、19年7月30日登頂、単独行）

下蒜山の下りから中蒜山と上蒜山を望む。アップダウンもきつく、侮れない縦走コースだ

行基発見の伝説もある開湯１３００年の古湯

関金温泉は、藩政時代は伯耆《ほうき》と美作《みまさか》を結ぶ作州《さくしゅう》街道の宿場町として栄え、往時は10数軒の湯宿があったという歴史ある温泉だ。ところが、現在は老舗宿がみな廃業してしまい、宿３軒と共同浴場関の湯があるのみ。「銀の湯」「白金の湯」と称せられる適温で湧出する放射能泉の美しい湯は健在で、鳥飼旅館と共同浴場関の湯で楽しむことができる。源泉かけ流しの湯を守る宿はいまや鳥飼旅館が最後の砦だ。奥さんひとりで切り盛りは大変だと思うが、ぜひ頑張って続けていただきたい。

蒜山　標高1202m

- コースタイム→犬挟峠登山口から下蒜山まで1時間50分、下蒜山から中蒜山まで2時間、中蒜山から上蒜山まで1時間、上蒜山から上蒜山登山口まで1時間20分（上蒜山登山口から上蒜山まで登り2時間・下り1時間30分）
- 2万5千分1地形図／蒜山

難易度 ★★☆

関金温泉

鳥飼旅館 ☎0858-45-2121◆泉質＝単純弱放射能泉◆源泉温度=42.5度◆鉄道／JR山陰本線倉吉駅からバス35分の関金温泉下車、徒歩約15分◆車／米子自動車道蒜山ICから約20分　※関金温泉から犬挟峠登山口まで車で約20分

関金温泉・鳥飼旅館の源泉かけ流しの内湯

三瓶山《さんべさん》と三瓶《さんべ》温泉

溶岩円頂丘の山が連なる神話の山

蒜山から大田市に移動してビジネスホテル泊。蒜山の暑さバテに懲りて、翌朝は三瓶山登山口の西の原に6時半に着いた。少しでも涼しいうちに登ってしまおうという作戦である。

三瓶山は、『古事記』や『出雲国風土記』に登場する「国引き神話」では、国を引っ張る際に綱をかけた杭が、のちの三瓶山になったという。出雲と石見《いわみ》の国の中間にそびえる三瓶山は、それほど昔から目立つ山だったということだろう。

三瓶温泉・共同浴場「志学薬師 鶴の湯」の男湯

三瓶山　　標高1126m（男三瓶）

- コースタイム→JR山陰本線大田市駅からバス30分の定の松バス停（西の原登山口）〜男三瓶〜子三瓶〜風待峠〜三瓶温泉と縦走して約5時間20分（逆コースで約5時間）
- 2万5千分1地形図／三瓶山西部・三瓶山東部

難易度 ★★☆

三瓶温泉

国民宿舎さんべ荘 ☎0854-83-2011◆泉質＝含鉄（Ⅱ・Ⅲ）ーナトリウム・塩化物泉◆源泉温度=34.8度◆鉄道／JR山陰本線大田市駅からバス45分の三瓶温泉下車すぐ◆車／松江自動車道吉田掛合ICから約40分　※三瓶温泉から西の原登山口の定（さだめ）の松までバス約15分

男三瓶から少し下った縦走路から見た子三瓶と孫三瓶。歩きごたえのあるコースだ

眺望抜群の広々とした男三瓶の山頂

花の多い男三瓶の急登から西の原を俯瞰

実際は、標高１１２６ｍの男三瓶《おさんべ》を最高峰に、女三瓶《めさんべ》、子三瓶《こさんべ》、孫三瓶《まごさんべ》など優しい山容の溶岩円頂丘6峰がカルデラを囲んで峰を連ねる活火山だ。これらの峰を一周する縦走路が整備されているが、このときは男三瓶と女三瓶を結ぶ道が通行止だったので、男三瓶と子三瓶に登って三瓶温泉に下るコースを歩いた。

西の原登山口は草原が広がり、その中を男三瓶へ登る登山道がのびている。しばらく急登が続き、振り返ると西の原の草原が広がる。男三瓶に近づくと高原風になり、広々とした砂地の男三瓶には登山口から3時間半かかった。山頂からの展望は大きく、三瓶の山の彼方には大山《だいせん》や日本海も望める。

男三瓶から子三瓶にはいったん鞍部まで下り、登り返す。子三瓶からも急坂を下り、孫三瓶との鞍部の風越《かざこし》からは右手に三瓶温泉へ下るルートを選択した。ここまで男三瓶から1時間45分、さらにけっこうな下りを1時間、三瓶温泉の国民宿舎さんべ荘前に下り立った。三瓶温泉には風情ある共同浴場が2ヶ所あり、車なら小屋原《こやはら》温泉や千原《ちはら》温泉という大変個性的な温泉も近く、湯めぐりが楽しみなエリアである。

（日本二百名山、19年8月1日登頂、単独行）

西日本では屈指の湯量を誇るにごり湯の名湯

三瓶温泉は、孫三瓶中腹から毎分３０００リットル超も自噴し、時間の経過とともに赤褐色に変わるにごり湯。かつては志学《しがく》温泉と称し、湯治客で賑わった歴史を刻む温泉だ。先年リニューアルされた国民宿舎さんべ荘は源泉かけ流し浴槽もある16種類の露天風呂が自慢で、日帰り入浴も受け付けている。共同浴場も「志学薬師 鶴の湯」と「亀の湯」の2ヶ所。また、蕎麦がメインのカフェ&日帰り温泉施設として復活した旧湯元旅館でも同じ源泉の名湯が楽しめる。

剣山《つるぎさん》と祖谷《いや》温泉

手軽に登れる祖谷川水源の四国第2位の高峰

四国で「温泉百名山」に選定したい山は剣山、温泉は剣山に源を発する祖谷川の谷底に自噴する祖谷温泉しか思い浮かばない。筆者が最初に祖谷温泉を訪ねたとき、谷底の露天風呂に行くのにまだケーブルカーはなかった。目も眩むような崖の道を下って温泉に入ったが、帰りに汗びっしょりになった記憶がある。

剣山登山口の見ノ越《みのこし》と祖谷温泉を結ぶ公共交通の便はないので、車で行くのが条件になる。平家の落人《おちうど》が落ち延びた西祖谷《にしいや》、東祖谷《ひがしいや》の山村を遡ること1時間半、いまもって険しい山峡の秘境然とした風景は変わっていない。剣山には八経ヶ岳にも同行した谷野さんと、同じくスーパーレディの大江順子さんと3人で登った。おふたりとも筆者よりはだいぶ年長で、３人の合計年齢がなんと２２０歳。ちょっと信じがたい超高齢者パーティであった。

「日本百名山」剣山の登山者が増加した一因に、宮尾登美子著『天涯の花』で剣山に咲くキレンゲショウマが取り上げられた影響が大きい。花の見頃は8月上旬だ。剣山には見ノ越から登山リフトを利用すれば40分、利用しなくても1時間15分ほどで山頂に立てる。木道が張り巡らされた山頂周辺は人の手が入り過ぎた感があるが、向かいの次郎笈《じろうぎゅう》に登って剣山を眺めると、四国第2位の高峰らしい立派な山であることがよくわかる。剣山山頂から往復2時間程度なので、ぜひ足をのばしていただきたい。

（日本百名山、17年6月9日登頂、同行2名）

剣山山頂から向かい合う次郎笈を望む

深山風景を眺望する山頂直下の登山道

渓谷の四季が彩る四国随一の自噴泉の名湯

ホテル祖谷温泉は、祖谷渓《いやだに》の断崖上にへばりつくように建つ一軒宿だ。建物は6階建てだが、道路に面したフロアが4階にあたる。高低差約170mの谷底で湧く自噴泉は毎分500リットルと湯量豊富で、男女交替制2つと貸切1つ（別料金）の計3つの源泉かけ流し露天風呂を専用のケーブルカーで訪ねるのがこの宿の一番の楽しみである。四季折々の渓谷美を眺めながらの入浴は最高だ。温泉風呂付き客室や男女別の展望大浴場などの設備も整っており、秘境の環境にありながらも温泉宿としてのクオリティはかなり高い。

ホテル祖谷温泉・谷底にある秋景色の露天風呂

剣山　標高1955m

- コースタイム→見ノ越登山口から登り1時間15分・下り50分　※見ノ越まで季節運転の「ぐるっと剣山登山バス」がJR土讃線大歩危駅、JR徳島線貞光駅と穴吹駅から出る。車の場合は徳島自動車道美馬Cから約1時間20分
- 2万5千分1地形図／剣山・京上・大歩危

難易度 ★☆☆

祖谷温泉

ホテル祖谷温泉 ☎0883-75-2311◆泉質＝アルカリ性単純硫黄泉◆源泉温度=38.2度◆鉄道／JR土讃線大歩危駅からバス約40分の祖谷温泉下車すぐ◆車／徳島自動車道井川池田ICから約50分※見ノ越登山口まで車で約1時間30分

次郎笈の登りから望む剣山。四国第２位の高峰にふさわしい風格ある佇まいだ

雲仙岳《うんぜんだけ》と雲仙《うんぜん》温泉

目前に平成新山が偉容を見せる普賢岳の頂上。5月下旬にはミヤマキリシマが見頃

雲仙岳　標高1359m（普賢岳）

- ◆ コースタイム→仁田峠登山口から普賢岳〜国見岳〜妙見岳〜仁田峠の一周コースで約4時間（仁田峠登山口まで雲仙温泉から徒歩約50分、またはタクシー 20分）
- ◆ 2万5千分1地形図／島原

難易度 ★☆☆

雲仙温泉

丸登屋旅館 ☎0957-73-3457 ◆ 泉質＝単純硫黄泉 ◆ 源泉温度=63.5度 ◆ 鉄道／ JR長崎本線諫早駅からバス1時間19分の小地獄入口下車、徒歩15分（本数は少ないが小地獄まで行くバスもある）◆ 車／長崎自動車道諫早ICから約1時間　※雲仙温泉から仁田峠まで車で25分

雲仙温泉・小地獄の丸登屋旅館の内湯

中枢の三岳をめぐって雲仙岳の魅力を満喫

２０１９年５月17〜23日、九州に「温泉百名山」選定登山の旅に出た。ところが、悪天候で３日も続けて登山は中止。20日に天草の弓ヶ浜温泉・湯楽亭に向かった。ここはバイクで駆け回る温泉ライター、三橋弘行氏の馴染みの宿だ。氏が制作中だった『究極のにごり湯』出版の打ち合わせと称して、ここで落ち合って飲む約束をしていたのだ。

予報は翌日からようやく晴天。翌朝、朝食も摂らずに宿を飛び出し、天草《あまくさ》市の鬼池《おにいけ》から島原半島の口之津《くちのつ》行き始発のフエリーに乗り、雲仙岳に向かった。

雲仙岳の主峰は、１９９０年から5年にわたる噴火活動に揺れた普賢岳《ふげんだけ》だ。ただし、いまはそのときに誕生した平成新山のほうが１２４ｍも高い。平成新山の間近を歩く登山道も新設されているが、ここではもっともポピュラーな普賢岳、国見岳、妙見岳の中枢の三岳をめぐる周遊コースを歩くことにした。

登山口の仁田《にた》峠に8時20分着。普賢岳までは樹林の中を1時間強で、忽然といった印象で岩峰の普賢岳に着いた。目前にはいまだに熱気が届くほどに近く、平成新山がそびえる。平成新山コースの登山道へは、国見岳方向に歩き、分岐する登山道を時計回りで平成新山の喉元を通って普賢岳へと周遊するかたちになるが、一部区間が一方通行になっているため、普賢岳からは下れない。

国見岳の斜面はミヤマキリシマの花盛りで、素晴らしい眺めだった。山頂直下にはクサリが設置された岩場の急登があるが、普賢岳からは1時間ほどの距離だ。国見岳から妙見岳までも40分程度の楽しいハイキングコースである。妙見岳からはロープウェイを利用するまでもなく、雲仙温泉や橘湾を俯瞰しながら仁田峠まで下り30分ほどだ。

（日本二百名山、19年5月21日登頂、単独行）

開湯１３００年超を誇る自然湧出の名湯

雲仙温泉の真骨頂は温泉街の中心部にある地獄風景だ。山岳宗教の霊場であり、キリシタン受難や外国人の保養避暑地として開発された歴史を刻む。掘削禁止の自然湧出泉を守り、いかにも温泉らしい酸性硫黄泉が温泉ファンを魅了する。温泉街は古湯、新湯、小地獄《こじごく》の３地区で温泉街を形成するが、いずれの地区にも共同浴場が残っている。筆者は中心から少し離れた静かな環境にある小地獄温泉が好みで、宿は吉田松陰《しょういん》ゆかりの木造の丸登屋《まるとや》旅館を贔屓にしている。

春は全山をミヤマキリシマの花が包む国見岳

妙見岳展望台から俯瞰する仁田峠と橘湾

涌蓋山《わいたざん》とはげの湯《ゆ》温泉

九重連山の西端に連なる円錐形の秀峰

雲仙岳に登ったあと小地獄の丸登屋旅館に泊まり、翌朝は暗いうちに出発した。この日は九重の三俣山《みまたやま》と涌蓋山の2山に登ることにしたからである。諫早《いさはや》IC→長崎道→大分道→九重ICと飛ばして、早朝にやまなみハイウェイの長者原《ちょうじゃばる》に到着。午前中に三俣山に登り、下山後にはげの湯温泉に移動。登山口には14時に着いた。この時間からの登山は遅すぎるが、翌日には帰京しなければならないので強行するしかなかった。

豊礼の宿の涌蓋山を望む展望露天風呂

涌蓋山　　標高1500m

- ◆ コースタイム→はげの湯温泉から徒歩約25分の涌蓋山登山口から登り2時間30分・下り1時間50分
- ◆ 2万5千分1地形図／湯坪

難易度 ★☆☆

はげの湯温泉

豊礼の宿　☎0967-46-5525 ◆ 泉質＝ナトリウム－塩化物泉 ◆ 源泉温度=96.5度 ◆ 鉄道／ JR豊肥本線阿蘇駅からバス約1時間のゆうステーションからタクシーで約20分 ◆ 車／大分自動車道九重ICから約30分　※登山口まで車で10分、宿泊は素泊まり専用で自炊用具や温泉蒸し器完備、別棟に日帰り温泉施設「豊礼の湯」併設

草原状の涌蓋山の山頂から九重連山の眺望。午前中に登った三俣山もよく見えた

涌蓋山直下からはげの湯方面の眺望

カヤトの急登が続く涌蓋山の山頂直下

九重連山の西方に連なる涌蓋山は、熊本と大分の県境にそびえる姿形《すがたかたち》のいい山で、熊本側からは小国《おぐに》富士、大分側からは玖珠《くす》富士とも呼ばれている。登山者の多くは九重の飯田《はんだ》高原から登って筋湯温泉に下山するようだが、筆者は贔屓にしているはげの湯温泉の豊礼《ほうれい》の宿の露天風呂から仰ぎ見る涌蓋山にずっと惹かれていたので、熊本側からのルートを採った。それに、今回の山行では1日2山登ることになったので、こちらのほうが短時間で登れることも有利だった。

道標には「涌蓋山」と「湧蓋山」が混在しているが、ここでは涌蓋山を採る。登山道はしばらくは草原状の登り坂で、いったん林間に入り、林道に飛び出す。林道をしばらく歩くと、案内図に西尾根登山口とある本格的な登山道に入る。ここから山頂までは急登が続く。やがてカヤト（茅で覆われた山腹）が現れると、まもなく山頂に着いた。登山口から3時間弱、時計は17時を回っていた。

草原状のなだらかな山頂からは午前中に登った九重の三俣山も眺望できた。日没が迫っていたので、山頂を15分で辞し、急ぎ下山。登山口にはまだ明るいうちに帰還することができた。

（日本三百名山、19年5月22日登頂、単独行）

はげの湯温泉は激しく噴気が立ち昇る景観が風物詩

隣接する岳の湯温泉とともに、集落のあちこちから激しく噴気が立ち昇る光景が強烈なインパクトを与える温泉地だ。涌蓋山を背後に負うはげの湯温泉は、緩やかな坂道沿いに旅館4軒と日帰り温泉施設が散在する。入口付近にある豊礼の宿は素泊まり専門で、温泉の蒸し器で作る「地獄蒸し」の自炊が楽しめる宿として貴重な存在。ホワイトブルーの湯をたたえる男女別露天風呂から望む涌蓋山が美しい。併設の日帰り施設ではコイン式の源泉かけ流し風呂が楽しめる。

由布岳《ゆふだけ》と由布院《ゆふいん》温泉

由布盆地を見守るように屹立する双耳峰

前日に涌蓋山に登ったあと、はげの湯温泉の豊礼の宿に泊まった。ほぼ暗くなってからの到着になったが、館主差し入れの食材を「地獄蒸し」にして夕食とした。これができるのが、豊礼の宿の一番の楽しみである。露天風呂からは涌蓋山のシルエットしか見えなかったが、それでも満足だった。

そして、ついに「温泉百名山」選定登山のための九州遠征も最終日。この日も暗いうちに発つつもりだったが、前日の2山連登で疲れがたまり、起床が遅れてしまった。しかし、夕方には大分空港からの便に乗らなければならないので、今日の由布岳登山はなるべく早めに下山しなければならない。

正面に別名豊後《ぶんご》富士、双耳峰の由布岳を仰ぎ見る正面登山口を9時にスタート。快晴は救いだが、疲労の色濃く歩みは遅い。それでも、登るほどに由布院盆地を俯瞰し、その向こうに九重の山並みが見えてくると元気が湧く。しかしペースは上がらず、西峰と東峰の鞍部までコースタイムの5割増しの時間がかかった。

まずは最高峰の西峰へ。クサリ場もあるけっこう険しい登りで、引き返す登山者もいたが、無事12時35分に登頂。山頂で30分過ごし、鞍部に戻って今度は東峰へ。こちらは急登ではあるが危険な箇所はない。15分滞在し、14時15分に下山開始。正面登山口には16時10分に帰着した。大分空港でレンタカーを返却すると、搭乗時間が迫っていた。

（日本二百名山、19年5月23日登頂、単独行）

西峰の登りから見た整った山容の東峰

西峰と東峰の鞍部から最高峰の西峰を望む

湧出量全国第2位を誇る九州屈指の名湯

由布院温泉は、別府温泉郷に次ぐ全国第2位の湧出量を誇る日本屈指の名湯。しかも自然環境も温泉旅館の質も、そして芸術文化度も高いのが特徴だ。昼間の雑踏はいささか人気観光地化し過ぎた感があるが、それでも夜は静謐《せいひつ》を取り戻し、シーズンには蛍が舞う自然環境は保たれている。温泉街を逍遥すれば、金鱗湖畔の「下ん湯《したゆ》」をはじめいくつかの素朴な共同浴場を見出すことができるのも魅力の一つ。温泉街のどこからでも由布岳の秀麗な双耳峰を仰ぎ見ることができるが、露天風呂に浸かって眺めるのなら山のホテル夢想園が筆頭だろう。

由布院温泉・山のホテル夢想園の露天風呂

由布岳　標高1583m（西峰）

◆ コースタイム→由布登山口（正面登山口）から登り3時間10分（正面登山口→西峰→東峰）・下り2時間（東峰→正面登山口）　※由布登山口（正面登山口）まではJR日豊本線別府駅からバス55分
◆ 2万5千分1地形図／別府西部・日出生台

難易度 ★★☆

由布院温泉

山のホテル夢想園 ☎0977-84-2171 ◆ 泉質＝アルカリ性単純温泉 ◆ 源泉温度=62.5度 ◆ 鉄道／ JR九大本線由布院駅からタクシー 5分 ◆ 車／大分自動車道湯布院ICから約15分　※JR久大本線由布院駅から正面登山口までバス15分

正面登山口ルートから由布岳を望む。豊後富士の名にふさわしい美しい双耳峰だ

九《く》重《じゅう》山《さん》と法《ほっ》華《け》院《いん》温泉

標高1787mの久住山は九重連山の盟主とされ、山頂では360度の大展望が広がる

春はミヤマキリシマが咲き競う鐘状火山群

２０１７年３月、未登の「日本百名山」に登るべく九州に遠征した。九州には九重山、祖母山《そぼさん》、阿蘇山、霧島岳、開聞《かいもん》岳、宮之浦岳の６座あるが、登っていたのは屋久島の宮之浦岳と阿蘇山は観光ルートから火口を覗いただけだった。この年、阿蘇山最高峰の高岳は立入禁止中だったので諦め、残り４座の登頂を目指した。同行は四国の剣山にも登った２２０歳トリオの谷野さんと大江さん。

15日に鹿児島空港でレンタカーを借り、まずは霧島山の高《たか》千《ち》穂峰《ほのみね》、16日開聞岳、17日祖母山と登り、九重山には19日に

九重山　標高1791m（中岳）

◆ コースタイム→牧ノ戸峠登山口から中岳まで登り2時間30分・下り2時間10分　※JR久大本線由布院駅→バス約1時間10分くじゅう登山口→バス約10分→牧ノ戸峠

◆ 2万5千分1地形図／湯坪・大船山・久住山

難易度 ★☆☆

法華院温泉

法華院温泉山荘 ☎090-4980-2810 ◆ 泉質＝カルシウム・マグネシウム・ナトリウム－硫酸塩泉 ◆ 源泉温度=43.2度 ◆ 鉄道／JR久大本線由布院駅からバス約1時間10分のくじゅう登山口（長者原）下車、徒歩約2時間 ◆ 車／大分自動車道九重ICからくじゅう登山口まで約50分

法華院温泉・法華院温泉山荘の内湯

登った。折からの連休を利用して、秘湯ロマンス隊有志4名（坂口、長尾、柴田夫妻）が合流。ただし、登山するのは柴田君だけで、あとの3名は長者原から峠越えで2時間歩く法華院温泉の入湯だけが目的である。

前日、はげの湯温泉・豊礼の宿で合流。谷野さん、柴田君、筆者の登山組３名（大江さんは不参加）は牧ノ戸峠から入山したが、前夜に思いがけず降雪があり、登山口からのコンクリート道は凍結、さらに沓掛《くつかけ》山の先からは雪が解けて泥んこ道になり、非常に歩きにくくて難渋した。

左手に星生山《ほっしょうざん》を望みながら気持ちのいい草原を進み、視界が開けると正面に颯爽とした山容の久住山《くじゅうさん》が姿を見せた。最高峰の中岳よりも約4ｍ低いものの、九重連山の盟主とされる久住山山頂からの展望は素晴らしく、阿蘇山や先日登った祖母山もくっきりと望むことができた。

九州本土でも最高峰となる中岳にも登頂し、中岳からは法華院温泉に下山。長者原から峠越えの3名と合流し、九州唯一の歩かないと行けない秘湯を堪能。翌日は大江さんに、熊本と別府から駆けつけた湯友3名も加わり、長者原近くの宿で打ち上げの宴を張った。

（日本百名山、17年3月19日登頂、同行2名）

2時間歩いて訪ねる霊場跡に湧く秘湯

この地は鎌倉時代開基の天台宗の修験場だった九重山法華院白水寺が開かれ、往時は大伽藍が建ち並んでいたという霊場跡だ。法華院温泉は標高１３０３ｍの九州最高所に湧き、やまなみハイウェイの長者原から山越えで2時間歩かなければ行けない秘湯である。宿は法華院温泉山荘1軒で、個室20室と１２０人収容の大部屋を備える。風呂は男女別で、浴槽には加温かけ流しの湯があふれる。

九重連山と九州の最高峰でもある中岳

西千里ヶ浜付近から望む屹立する久住山

山頂から新燃岳と韓国岳方面の眺望

天を突く「天の逆鉾」が目を引く高千穂峰

高千穂峰《たかちほのみね》と霧島温泉郷《きりしまおんせんきょう》

龍馬夫妻も足跡を残した霧島火山群東端の秀峰

　霧島連山の西の横綱が韓国岳《からくにだけ》なら、東の横綱は高千穂峰だ。最高峰の韓国岳にも登ってみたが、山としては高千穂峰のほうにより魅力を感じた。高千穂峰は天孫降臨神話で名高い山だが、温泉ファンや歴史好きにとっては坂本龍馬とお龍《りょう》が塩浸《しおひたし》温泉に日本初といわれる新婚湯治旅行に赴いた際、当時は女人禁制とされていたにもかかわらず2人で登った山、という印象が強いかもしれない。

　高千穂峰には鹿児島空港に着いた日に、レンタカーを借りて、その日のうちに登った。同行は前項に記した谷野さんと大江さんの超熟女コンビ。

　登山口の高千穂河原に着き、大鳥居に一礼して登山道に入る。この場所はかつて霧島神宮があった旧跡である。登山道は立派な石段を登ると火山礫の路面になり、やがて正面に溶岩が固まってゴツゴツした山肌が現れる。登山道はこの急な斜面に導かれ、登り切るとお鉢の火口縁に出る。迫力満点の眺めだ。この火口縁の道は馬ノ背と呼ばれ、悪天候時は難渋するそうだが、この日は無風の快晴。快適なこと、この上ない。いったん鞍部に下り、登り返したピークが山頂だ。

　高千穂峰の山頂には神座のような石積みがあり、鉄製の鳥居と奥の山頂に有名な「天《あめ》の逆鉾《さかほこ》」がまさに青空を突き上げていた。背後に回ると二等三角点標石と方位盤があり、その向こうに新燃岳《しんもえだけ》から韓国岳へと続く霧島連山の主稜を一望することができた。

（日本二百名山、17年3月15日再訪、同行2名）

右に火口のお鉢、左に霧島連山の峰々、正面に高千穂峰を仰ぎ見ながら馬ノ背を行く

6つの名湯が点在する霧島温泉郷

火山の恩恵を受けて山腹や山麓に個性的な温泉が点在し、魅力あふれる温泉郷を形成しているのが霧島だ。登山基地としては、高千穂河原や韓国岳の登山口にも近い新燃岳中腹の高所にある一軒宿の新湯《しんゆ》温泉・霧島新燃荘が乳白色の硫黄泉で人気がある。また、高千穂河原行きバスが発着する温泉郷の中心の丸尾温泉では桜島や大隅半島を眺望する露天風呂や貸切風呂が充実する旅行人山荘を、ほかでは湯治場の風情を色濃く残す一軒宿の湯之谷温泉・霧島湯之谷山荘を推奨しておく。

高千穂峰　標高1574m

◆ コースタイム→JR日豊本線霧島神宮駅からタクシー 20分の高千穂河原から、登り2時間・下り1時間40分
◆ 2万5千分1地形図／霧島温泉・高千穂峰

難易度 ★☆☆

霧島温泉郷

新湯温泉・霧島新燃荘 ☎0995-78-2255 ◆ 泉質＝単純硫黄泉 ◆ 源泉温度=62.7度 ◆ 鉄道／ JR日豊本線霧島神宮駅からバス約30分の丸尾で乗り換えて15分の新湯温泉入口下車、徒歩10分 ◆ 車／九州自動車道えびのICから約1時間　※新湯温泉から高千穂河原へはバス18分（本数少なく要確認）、車で約10分

新湯温泉・霧島新燃荘の湯小屋の風呂

開聞岳《かいもんだけ》と鰻《うなぎ》温泉

薩摩半島南端に屹立する〝薩摩富士〟

開聞岳は標高1000mにも満たないが、薩摩半島南端に海からせり上がって屹立する、薩摩富士と称される端正な山容が名山の地位を確固としているようだ。筆者が初めてその山容を仰ぎ見たのはJR日本最南端の駅、西大山駅からだった。まだ旅行ガイドブック制作の取材で日本中を飛び回っていたときだから、20代だった。知覧《ちらん》特攻平和会館で、隊員たちが機上からこの山を本家の富士山に見立て、祖国に別れを告げて特攻に飛

鰻温泉・民宿うなぎ湖畔の露天風呂（男湯）

開聞岳　標高924m

- ◆ コースタイム→登山口（かいもん山麓ふれあい公園）から登り2時間30分・下り2時間
- ◆ 2万5千分1地形図／開聞岳

難易度 ★☆☆

鰻温泉

民宿うなぎ湖畔 ☎0993-34-1954 ◆ 泉質＝アルカリ性単純温泉 ◆ 源泉温度=91.6度。区営鰻温泉 ☎0993-35-0814 ◆ 泉質＝単純硫黄泉 ◆ 源泉温度=97.2度 ◆ 鉄道／JR枕崎線山川駅からタクシーで約10分 ◆ 車／九州自動車道鹿児島ICから指宿スカイライン経由で約2時間　※鰻温泉から開聞岳登山口まで車で約15分

岩場の小広場になっている開聞岳の山頂。好展望台で、背後に霞むのは池田湖

登山道の途中から長崎鼻と大隅半島を眺望

JR日本最南端の駅、西大山駅から望む開聞岳

び立ったという話を聞いたあとだったから、長いこと見つめて立ち尽くした記憶がある。古くは唐から帰国する船上から、この山を目にして生還の喜びに沸いた留学僧もいたはずだ。開聞岳はそうしたことを想起させる山である。

開聞岳には高千穂峰の翌日に登った。山腹は照葉樹の森で、登坂は想像以上に険しく、侮れない山だった。登山道は時計回りの螺旋《らせん》状に山頂まで続いている。時折、長崎鼻や池田湖方面の内陸部、大海原が視界に入ったが、曇天だったこともあり、鮮烈な景色に感動したという印象はあまりない。ただ、九州本土最南端の「日本百名山」にようやく登頂できた、という喜びはあった。

このとき同行した谷野さんだが、実は20年5月21日に急逝された。彼女の盟友義広氏から知らされた訃報だった。谷野さんとは「日本百名山」だけでも10座もご一緒し、ほかの山にも登った。18年12月に岡村夫妻と4人で完登祝賀会を開いたのが最後になってしまった。筆者よりも3歳年長だが、はるかに健脚で強靱な体力の持ち主だったのに、いまもって亡くなられたことが信じがたい。この場を借りてご冥福をお祈りするとともに、一緒に開聞岳にも登ってくれたことへの感謝の思いを伝えたい。

（日本百名山、17年3月16日登頂、同行2名）

鰻湖畔に湧く西郷隆盛も愛した素朴な温泉場

鰻温泉は、のどかさを絵に描いたような鰻湖畔の小集落に湧く。江戸時代からの湯治場で、下野した西郷隆盛が西南戦争に巻き込まれる前、この温泉で静かな時間を過ごした逸話で知られる。温泉施設は公衆浴場の区営鰻温泉、民宿うなぎ湖畔と簡易宿泊所があるだけ。しかも至近距離なのに、使用する源泉は泉質が異なる。高温の蒸気を利用した竈《かまど》「スメ」で調理する光景が風物詩となっている。

番外編 1

「歩いてしか行けない温泉」は何湯ある？

「歩いてしか行けない、宿泊施設のある温泉」、言ってみればこれが誰にでも認められる「秘湯」といえるだろう。筆者はすべて訪ねていると思うが、以下に列挙してみた。カッコ内に県名を入れた温泉以外は「温泉百名山」に選定し、選定外の黒部峡谷に点在する温泉については次頁「黒部奥山探湯行」に番外編2として収録した。なお、宿泊施設もない無人の「野湯」は対象外とした。

泊まらないと行けない秘湯

高天原《たかまがはら》温泉、仙人温泉、赤田代《あかたしろ》温泉、手白沢《てしろさわ》温泉（栃木県、日帰り入浴不可）

泊まりが望ましい秘湯

三斗小屋《さんどごや》温泉、日光沢温泉（栃木県）、三条ノ湯、本沢温泉、湯俣温泉、鑓《やり》温泉、赤湯温泉、阿曽原《あぞはら》温泉

日帰り可能の秘湯

湯浜《ゆばま》温泉（宮城県）、大平《おおだいら》温泉（山形県）、岳《だけ》温泉元湯、地獄谷温泉（長野県）、夏沢鉱泉（長野県）、立山地獄谷から引湯の3湯、黒薙《くろなぎ》温泉、名剣温泉、祖母谷《ばばだに》温泉、法華院温泉

実はもう1湯、欠かせない秘湯に飯豊《いいで》連峰の懐深くに湧く湯の平温泉がある。当然、ここは飯豊連峰の1峰と組ませて「温泉百名山」に選定する予定だった。ところが、ここ数年登山道が通行禁止になっていて入山できず、今回は誠に残念ながら「温泉百名山」に選定することができなかった。

黒部の欅平にある名剣温泉（富山県）

奥鬼怒山中にある手白沢温泉（栃木県）

最上川源流にある大平温泉（山形県）

番外編
2

水平歩道から阿曽原と仙人温泉へ
黒部奥山探湯行

山にはあまり登りたくないが、そこに温泉があればチャレンジするというメンバーの要望で、前年（２０１８年）に訪ねた高天原温泉コースよりも難度は上といわれる黒部奥山の阿曽原温泉と仙人温泉に行くことになった。前年は休業していた仙人温泉小屋が翌19年は8月だけ営業するとの情報をキャッチし、即、予約したというわけだ。

目も眩む水平歩道を阿曽原温泉へ

メンバーは高天原温泉にも行った秘湯ロマンス隊の柴田克哉、坂口裕之、鹿野義治、長尾祐美、北出恭子、久米田彩、飯出風子の7名に、「温泉若手の会」の新堂徒夢、小松歩、永井宏武、青野正寛の4名が加わり、総勢12名の大パーティ。1日目阿曽原温泉小屋、2日目仙人温泉小屋、3日目は一気に下山して祖母谷温泉に泊まるプランである。

先発組5名は前日に黒薙《くろなぎ》駅から徒歩20分の黒薙温泉に立ち寄り、欅平《けやきだいら》駅から徒歩15分の名剣温泉に前泊して翌日に備えた。

1日目、宇奈月始発の黒部峡谷鉄道で来る後発組と欅平駅で合流。欅平から阿曽原温泉に続く水平歩道とは、黒部川の水力発電用ダム建設のために急峻な岩壁をコの字形にくりぬいて開かれた歩道のこと。道幅は狭く、山側に張られた針金やワイヤーを命綱に歩く。ガードのない谷側は数百メートルの断崖絶壁で「黒部に怪我なし」、つまり命はない、というスリリングなルートである。体力差のあるメンバー構成なので、途中で先行と後行の2班に分けた。後行組が阿曽原温泉に到着す

仙人谷ダムの堰堤上で

阿曽原温泉の露天風呂

水平歩道・難所の大太鼓

ると、先行組はすでにひと風呂浴びていた。

雲切新道の急登を経て仙人温泉へ

2日目、阿曽原から仙人谷ダムまでも水平歩道が続くが、この区間は樹間を行くので危険感は少ない。仙人谷ダムの管理施設内から上がった堰堤上が黒四ダムに続く旧日電歩道と仙人温泉方面に向かう雲切新道との分岐点だ。この雲切新道、噂どおりのハシゴやクサリ場が続く急登に次ぐ急登。ここでも2班に分け、筆者はさらに遅れてサポート役の坂口君と続いた。標高1629mの尾根のピークを過ぎると、間もなく谷越しに仙人温泉小屋の全景が俯瞰できた。小屋に着くと女性の入浴時間中で、先着男性陣は待機中だった。

悪戦苦闘の一気戻りで祖母谷温泉へ

3日目、一気に下山の正念場だ。3時過ぎに出発。雲切新道でモルゲンロートに染まる後立山連峰を眺めることができたが、この下山は暑さと小型アブのオロロの襲撃に悩まされ、長く辛い行程となった。13時間もかかって欅平に到着したが、欅平からさらに徒歩50分の祖母谷温泉まで歩く体力も気力も喪失。途方に暮れたが、名剣温泉と祖母谷温泉の厚意で、欅平から車で祖母谷温泉まで送ってもらうことができた。ただただ感謝である。最終日、祖母谷温泉の少し上流にある泉源地帯で、自噴する熱湯が流れ込む渓流で野湯遊びに興じた。底抜けに無邪気で童心に返った楽しい時間だった。（19年8月9〜13日、同行11名）

黒部奥山探湯行

◆ コースタイム→1日目＝欅平→5時間20分→阿曽原温泉小屋（泊）／2日目＝阿曽原温泉小屋→5時間40分→仙人温泉小屋（泊）／3日目＝仙人温泉小屋→10時間40分→欅平→50分→祖母谷温泉（泊）／4日目＝祖母谷温泉→50分→欅平
◆ 2万5千分1地形図／欅平・十字峡

難易度 ★★★

黒薙温泉旅館 ☎0765-62-1802 ◆ 泉質＝単純温泉 ◆ 源泉温度=98.3度　営業5月上旬～ 11月22日頃
名剣温泉 ☎0765-52-1355 ◆ 泉質＝単純硫黄泉 ◆ 源泉温度=77.5度　営業5月下旬～ 11月中旬
阿曽原温泉小屋 ☎0765-62-1148 ◆ 泉質＝単純温泉 ◆ 源泉温度=89.0度　営業7月下旬～ 10月末
仙人温泉小屋 ☎042-922-9968 ◆ 泉質＝単純温泉 ◆ 源泉温度=65.3度　営業7月中旬～ 10月中旬（予定）
山小屋祖母谷温泉 ☎0765-62-1038 ◆ 泉質＝単純硫黄泉 ◆ 源泉温度=81.2度　営業6月上旬～ 11月中旬

祖母谷温泉で野湯遊び

仙人温泉の露天風呂

雲切新道のハシゴの急登

おわりに

「日本百名山」完登を経て、「温泉百名山」選定登山を達成し、さらに1冊にまとめるとなると、正直、かなりハードルが高いなぁと思っていました。

2011年11月に9ヶ月にもわたる精密検査ののち、ようやく下された診断はステージ4の悪性リンパ腫。仲間うちの半数は「アイツもこれで終わりか」と思ったそうです。半年間の抗がん剤治療で痛めつけられ、自宅への坂道でさえ一気に上れないほど体力も気力も落ちていました。抗がん剤の後遺症らしき体中にできた湿疹に苦しみ、箱根の姥子《うばこ》秀明館館主・鈴木義二氏のご厚意で1週間の湯治生活を送り、温泉の湯治効果を実感したのもこの頃でした。15年夏、思い切って羅臼岳と槍ヶ岳に登れたことで、これでまたなんとか登山が続けられる気がしました。転機は16年6月に登った白山で、それ以降の「温泉百名山」選定登山を志すまでの経緯は「はじめに」に記しました。

一番のピンチは、完結目前の20年9月の左膝損傷と、その後の診断結果を聞いたときでした。日野市立病院整形外科の膝関節のエキスパート、永井勝也医師の診断は「再び山に登りたいのなら手術するしかない」というもの。否応もなく、即、手術を決断しましたが、先行きに暗雲が立ち込めた瞬間でした。

当初は単独行が多かったのですが、後半は同行者を伴う登山を心がけました。

特に、山への復帰に力を与えてくれた義広勝氏、後半の山の多くに同行してくれた柴田克哉、鹿野義治両君には大変お世話になりました。土井正和、岡村一幸・秀美夫妻、谷野和子、大江順子、丸田真佐子、長尾祐美、坂口裕之、久米田彩、北出恭子、酒井亜希子、荒谷大悟、中村沙織、新堂徒夢、小松歩、永井宏武の諸氏には記念碑的な山に同行いただき、白馬村在住の金子隆・相子夫妻、板倉あつし、遠藤香織、池上光俊の諸君にはグランドサポーター的役割をも担っていただきました。このほか、温泉達人会の井澤俊二氏、温泉ソムリエ家元の遠間和広氏をはじめとする数多くの湯友、大学時代の山仲間たちの応援に感謝します。トムラウシ山登山中に届いた大学の1年先輩、宮沢あい子さん急逝の訃報は衝撃でした。筆者の無謀とも思える挑戦を見守り、愛情込めて叱咤激励してくれた人でした。「イイデ君、よくやったわね」という声が聞こえるようです。心より感謝し、ご冥福をお祈りいたします。

最後に、心配しつつも快く山に送り出してくれた妻・真紀と息子・大気、筆者の温泉関連の仕事史を記録に残すべく「温泉達人コレクション」を立ち上げてくれて編集長も務める娘・風子に、改めて感謝の意を記します。

刊行に当たっては温泉評論家の石川理夫氏にご尽力いただきました。氏には闘病以来、多くの励ましと支援をいただき、感謝多謝です。また、それを受けて、辛抱強くサポートしていただいた集英社インターナショナルの松政治仁氏に改めて厚く御礼申し上げます。

箱根・姥子秀明館にて　　飯出敏夫

飯出敏夫《いいで としお》

1947年、群馬県生まれの温泉紀行ライター。約20年間を旅行書の取材・執筆・編集者として過ごし、1991年、日本初の温泉専門誌『温泉四季』の創刊に参加。同誌休刊後、95年、温友社を設立し、温泉に特化した取材・執筆活動を行う。2016年の白山登頂を機に、登り残した「日本百名山」を17年に70歳で踏破。次に「温泉百名山」選定登山を志し、三度の大病を克服して、21年秋に完結した。主な著書に『一度は泊まってみたい秘湯の宿70』、アサヒDVDブック『秘湯ロマン』、『名湯・秘湯の山旅』、『達人の秘湯宿』など。「秘湯ロマン」ほかTV出演多数。日本温泉地域学会会員、日本旅のペンクラブ理事、温泉達人会代表。温泉達人コレクションhttp://onsen-c.com/を発信中。

表紙・扉イラスト ― 飯出真紀
表紙デザイン原案（てぬぐい）― 飯出風子（温泉達人コレクション）
ブックデザイン ― アルビレオ

温泉百名山《おんせんひゃくめいざん》

二〇二二年一〇月三一日 第一刷発行

著者 飯出敏夫《いいでとしお》
発行者 岩瀬朗
発行所 株式会社 集英社インターナショナル
〒一〇一-〇〇六四 東京都千代田区神田猿楽町一-五-一八
電話 〇三-五二一一-二六三二
発売所 株式会社 集英社
〒一〇一-八〇五〇 東京都千代田区一ツ橋二-五-一〇
電話 読者係 〇三-三二三〇-六〇八〇
販売部 〇三-三二三〇-六三九三（書店専用）
印刷所 凸版印刷株式会社
製本所 株式会社ブックアート

ISBN978-4-7976-7419-4 C0095